親が子供に教える
一生お金に苦労しない
12の方法

荻原博子
経済ジャーナリスト

739
中公新書ラクレ

目次

3 お金の価値を理解できている？

12 幸せな人生に必要な「感謝」の気持ち

親が子供に教える一生お金に苦労しない12の方法

1

「稼ぐ力」は「選ぶ力」

親の「常識」は捨てる。
子供の「やりたいこと」を
受け入れよう

親が子供に遺してあげられる、たった一つのもの

新型コロナ禍で会社が倒産したりお店が閉店したり、倒産しないまでもリストラされたり給与カットになったりと、思いもしなかったことが次々と起きました。

アルバイトで学費を稼いでいたのに、バイトがなくなってしまって大学をやめざるをえなくなったという学生も多数いました。

しかも、**新型コロナ禍を境に変わった社会が、また元に戻るのかといえば、そうではありません。**

新型コロナ禍で急激に社会の仕組みが変わり、新しい時代になったのです。

新型コロナ禍を乗り切るために、企業は雇用の調整弁となってきたパートやアルバイトを大量に解雇しました。しかも、今まで日本に残っていた「終身雇用」や「年功序

列」などの雇用形態も変えようとしているので、雇用の流動化が激しくなっています。
よく言えば転職しやすい社会になってきたということですが、いっぽうで細切れの働き方が増え、仕事を掛け持ちしなくては安定した収入を得られなくなってきています。
一流企業に就職したからといって、一生安泰とは言えない時代。そうした時代を生き抜いていく**今の子供たちに必要なのは、「稼ぐ力」**です。

「稼ぐ力」とは、会社を頼らず、どんな状況になっても、自分と自分の家族の食いぶちくらいは稼ぐことができる才覚のことです。

日本は今、急速にアメリカ型の社会に移行しています。それがコロナ禍を機に加速し、会社が一生の職場ではなくなりつつあります。
すでにそうした時代の到来を察知している若い方の中には、大学に通いながら起業をしたり、大学に行かずに職人のようなスペシャリストの道を選ぶという生き方を始めている人もいます。

けれど、大部分の子供たちは、まだ親から言われるままに塾に通い、学校の成績を上げることだけが人生の最良の選択だと思い込んでいます。なぜなら、親が「うちの子には特に得意なことがないから、とりあえずいい学校を出ておいた方が、何かと得をするだろう」と考えているからです。

ただ、それで本当に子供が幸せな人生を送れるのかといえば、疑問です。

若い世代の死因トップは自殺

2015年、東京大学を出て大手広告代理店の電通に勤めていた高橋まつりさん（当時24歳）が激務に耐えかねて自殺した事件は、多くの人に衝撃を与えました。

今まで「大手企業に入社さえできれば、あとは定年まで楽に暮らせる」と思われていたのですが、現実はそうではないということを、電通という大企業で起きた事件に痛感させられたのです。

厚生労働省の「令和2年版自殺対策白書」を見ると、若い世代の死因のトップは自殺。特に会社の勤務で悩む20代の自殺が年々増えています。

自殺にまで至らなくても、誰もがうらやむ大手企業に勤めながら辞めてしまう若者は多くいます。

「新規学卒就職者の離職状況（平成28年3月卒業者の状況）」（厚生労働省）を見ると、大学を卒業して従業員数1000人以上の大企業に勤めた若者の3年以内の離職率は25％。つまり、4人に1人は会社を辞めてしまっているということ。この中には、高橋さんのように過酷な仕事に追い詰められた人も多いことでしょう。

自分で稼げない若者たち

フリーターの数は現在約150万人、この中で大学・大学院を卒業して就職せずにフリーターで働いている若者は、男性が21・8％、女性が16％。つまり、大学や大学院を出ても定職についていない若者は多いということです（独立行政法人労働政策研究・研修機構「若年者の就業状況・キャリア・職業能力開発の現状③—平成29年版『就業構造基本調査』より」）。

もちろん、**フリーターであっても自分が食べていけるくらいのお金を稼げるなら、そ**

れはそれで自分で選んだ道ですから、他人がとやかく言うことではありません。問題は、自分では稼ぐことをせずに、親の稼ぎに依存しているニートと呼ばれる若者が増えていること。

内閣府が2018年に行った調査では、15〜39歳の若者ニートはなんと71万人もいるそうで、しかも潜在ニートは155万人なのだそうです。

この中には、家から一歩も出ず、家族以外との関わり合いを持たない「引きこもり」と呼ばれる若者も含まれます。厚生労働省の調査では、ニート全体の約半分がこの「引きこもり」とのことでした。

親の「常識」はすべて捨てた方がいい

ニートになって、さらに「引きこもり」になってしまうと、年を経るごとに社会から遠くなり、「稼ぐ」方法もわからなくなって親への依存度はますます強まっていきます。

ちょっと古いデータですが、厚生労働省によると、2013年時点で親に依存している40代、50代の無職独身者のいるご家庭は約57万世帯あると推計されていて、今後はますます増えていくのではないかと言われています。

みなさんのお子さんが50代になる頃には、みなさんは70代、80代の年金暮らしでしょう。その時に自分の子供が親の年金を頼りに生きているような状況を想像してみてください。子供の将来を考えると、死んでも死にきれないでしょう。

そうならないためには、今から「稼ぐ力」を持った子供に育てなくてはなりません。そこで**大切なのは、子供を変える前に、親が意識を変えること**。

みなさんはご両親から、いい大学に入り有名企業に入り、真面目に働けば幸せな人生が送れると教えられ、一生懸命に勉強し、一生懸命に働いてきたのではないでしょうか。

けれど、**時代はもう変わっています。**

有名企業への就職が豊かな人生へのパスポートとはならなくなっています。

たとえば、「銀行」。

昔は、高給で仕事は9時から5時までで、社会的なステイタスも高かった。けれど今は、勤務が過酷なだけでなく、なかなか出世できず、しかも多くの銀行員が50歳になると割増退職金をもらって銀行を辞めるか、子会社に片道切符で出向するか、給料が半分近くに下がっても居続けるかの選択を迫られます。

総務省の「平成29年就業構造基本調査」を見ると、せっかく銀行や保険会社に入社しても3年目に約3割が離職し、5年目には同期が半分しか残らない企業も。この中には、良い大学を出て銀行や保険会社に入ったのに、集団に馴染めず心が折れて辞めていった人も少なからずいます。

コミュ力が最大の武器になることも

子供の幸不幸を分けるのは、学校の成績ではありません。

私の友人のお嬢さんが、勉強が嫌いで成績も悪く、親からは「どこにも就職できないのでは」と心配されていました。

ところが、その子には大手企業からいくつもの内定がきました。なぜ、そんなことが起きたのかといえば、**企業の説明会で上手に自分を売り込み、学歴フィルターで弾かれそうな企業は直に会社に申し込み、面接官に会ってもらって自己アピールをしたからです。**

最初にその子に会った時に驚いたのは、その子の「コミュ力（コミュニケーション能力）」の高さでした。

初対面なのにニコニコッと笑って私の手を取り、「おばさんて凄いね」と言うのです。「何が凄いの?」と聞き返すと、「いろいろ凄い」「なんか凄い」「とにかく凄い」と「凄い」を連発し、具体的に何が凄いのかは言わず、こちらから「凄いって、○○みたいなところ?」と聞くと、すかさず「そうそう、それそれ。○○みたいなところ、尊敬しちゃう、本当に凄い」と言う。

たぶん、どんな人でも一つは人より優れているかもしれないと思えることはあるもの。けれど、それをひけらかすのははばかられるのであえて言わない人がほとんど。

そういう人に、初対面で、ひたすら「凄い」を連発して懐に飛び込み、相手の口から良いと思うところを言わせ、そこをとことん褒めあげる。グイグイくるのが嫌味に感じないのは、天性の能力なのでしょう。

いったい、どこでこんなテクニックを覚えたのかと思いながらも、褒められると悪い気がする人はいない。友人は、「あの子は、二度目に会う人にはもうタメ口で……」と呆れていましたが、**これだけのコミュ力があれば、一生食うに困らない**でしょう。

企業の採用官からよく聞くのは、「挨拶もろくにできない新卒が多い」という嘆き。そんな採用官の目に、彼女の「コミュ力」が魅力的に見えたことは言うまでもありません。

頼りになるのはお金でも学歴でもない

「将来、子供のためにお金を残してあげたい」と思っている親は多いでしょう。なぜなら、これまでは「お金があれば幸せだ」と思っている人が多かったからです。

けれど、お金は使うとなくなるし、一生使いきれないほどのお金は残せない。

だとしたら、使っても減らないどころか磨かれていく才能を残してあげましょう。それは、本人が望んだわけでもないピアノやバレエではありません。確かに、ピアニストやバレリーナになる人もいますが、それはほんの一握り。本人がどうしてもやりたいというなら別ですが、たいていの習い事は大人になったらモノにならない。そんなものに大金をかける必要はありません。

親が子供に与えてあげなくてはいけないのは、お金でも学歴でもない。どんな状況でも心が折れずに乗り越えられる力です。挫折をものともせず、自分の手で稼いで生きていく知恵ではないでしょうか。

そのためには、子供が興味を持ったことを邪魔せず、それを伸ばしてあげることが大切です。

CASE STUDY

「好きなことで稼げる」子供に育てるには?

「僕の娘は、僕よりもお金持ちかもしれない」

そう言うのは、妻がアメリカ人の裕太さん。彼の16歳の娘のメアリーさんは、ネットオークションやネットのフリマにはまっていて、家族や親戚の着なくなった服やアクセサリーを引き取っては自分で洗濯して袋詰めにし、売って小遣い稼ぎをしているそうです。

日本では子供が商売まがいのことをして儲けることには反対という親が多く、「そんな時間があったら勉強しなさい」と言われてしまいそうですが、アメリカ暮らしが長かった裕太さんは、**「子供が稼ぐことは、悪いことではない」**と言います。

メアリーさんが自分でお金を稼ぐことを始めたのは小学校に入ってすぐ。「お小遣いが欲しい」と言ったら、ママに「じゃあ、お風呂をきれいに洗ってね」と言われました。「お風呂はこうやってスポンジに石鹸をつけて洗うのよ」と教えてもらいながらバスタブを磨き、メアリーさんは20円をもらいました。

それがよほど嬉しかったのか、それ以降、犬小屋の掃除や車の洗車など、自分で仕事を見つけてきては親からお小遣いをもらうようになりました。

メアリーさんの部屋には、自分がいま欲しいもののベスト5がそれぞれの値段付きで張り出されています。あとどれくらい稼げば欲しいものが手に入るかが、一目でわかります。それが働く動機付けになっているようでした。

メアリーさんは中学生になると、家のお手伝いよりも効率的に稼げる方法を考え出しました。それは家族や親戚の古着やアクセサリーを引き取り、素敵に見えるよう組み合わせてフリーマーケットで売るという方法でした。

インターネットでフリーマーケットがある場所を探し、日曜祭日には自分でコーディネートした古着やアクセサリーを売る店を出店します。最初のうちは心配なので親が付き添っていましたが、そのうち学校の友達といっしょに出店しはじめました。

今は学校の勉強が忙しくなってきたので、手軽なネットオークションやネットフリマを利用しているようですが、裕太さんは「彼女の貯金通帳を見せてもらうと、月に5万円くらいは稼いでいる。僕の小遣いが4万円だから、すごいよね」と笑いました。

メアリーさんは、将来、ファッション関係の仕事につくという目標を持っています。服やアクセサリーが好きで、小さな頃からフリマで鍛えているので、目利きには自信があるといいます。学校も服飾系に進む予定。卒業したらメーカーに就職し、流通について学び、その後に自分の店を持つのが夢だそうで、その内容があまりに具体的でしっかりしているので驚きました。

裕太さん曰く、「僕は仕事ができないとすぐにクビになるアメリカで10年も働いていたので、**メアリーは仕事ができる子に育てたかった。日本ではまだ結婚が永久就職なんていうケースもあるけど、アメリカでは結婚してもいつ離婚するかわからない**。その時、不本意な仕事しかできないと惨めでしょう。だから女の子でも食べていける才覚が必要。**勉強も大切だけど、まずは自分の食いぶちくらいは稼げる、それも好きなことで稼げることが大切**。メアリーもいずれ親元を離れなくてはならなくなるからね」。

アメリカでは高校を卒業したら家を出て一人暮らしを始めるのが一般的だそうです。ただ、メアリーさんは大学か専門学校を卒業するまでは親と一緒に暮らすとのこと。「彼女は貯金もあるし、稼ぐ才能もあるから、もういつでも一人で暮らせると思うけれど、学校を卒業するまでは家にいるというのは、僕たちが子離れできる時間をくれるということかな」

「選べない子供」は親がつくる

前述のメアリーさんとは対照的に、**自信がなく、親元から巣立てない子供もいます。**

私の知人の娘さんである知恵さんは、30歳になっても仕事以外で人と関わることを避ける生活をしています。なぜかといえば、**自分に自信がないからです。**

付き合った男性もいました。彼は知恵さんの控えめなところが好きだと言ってくれたのですが、「どこに遊びに行きたい」と聞いても「何を食べたい」と聞いても、自分からこうしたいと言えずに言葉に詰まる知恵さんに最後は物足りなさを感じたのか、離れていきました。それ以降、男性から声をかけられても、後ずさりするようになってしまいました。

知恵さんの母親は彼女と正反対の自己主張が強いタイプで、「私はこうしたい」ということをはっきり言う人です。人柄は良いのですが、思い通りにならないと気が済まない。いっぽう父親は、物静かなタイプで何でも受け流す。

知恵さんが中学生の頃、みんなで中華料理を食べに行ったことがありました。私が知恵さんにメニューを渡して「何が食べたいの」と聞くと、彼女は「ラーメン」と答えました。そこでラーメンを注文しようとすると、母親が遮って、「ラーメンなんていつでも食べられるでしょう。せっかく中華料理を食べにきたのだから、酢豚とエビチリと春巻きにしようね」と、先回りして注文してしまいました。

あとで知恵さんに「ホントは、ラーメンが食べたかったんじゃない?」と聞くと、「いいんです。確かにお母さんが言うように、せっかく中華料理を食べにきてラーメンはないですから」と、ニコッと笑いました。

知恵さんは、母親にとっては自慢の娘。けっして逆らわず、素直に親の言うことを聞く子で、我が家の子供が反抗期で大変だった頃にも、同じ年頃の知恵さんは親に反抗することなどなく、うらやましく思ったものでした。母親との関係も良好で、母親が探してきた塾に通い、母親が進める学校に進学し、勤め先も母親と一緒に決めました。

あまりにも良い子なので心配になり、「お母さんの言うことばかり聞いていて、大丈夫?」と聞くと、彼女は「私のことを一番に考えてくれるし、母の選択はだいたい正しいので大丈夫です」と答えました。本当に彼女は優等生だなと感心しました。

そんなある日、彼女にこんな個人的な相談をされました。

「おばさん、私、家を出ようと思うんだけど、一人暮らしって大変でしょうか」

「大変だけど、絶対に一度は一人で暮らした方がいい。おばさんも若い頃一人暮らしをして、最初は自分でやらなければいけないことが多くて大変だったけど、慣れれば不便さよりも自分の思い通りにできる充実感の方が大きいよ」

けれど、いまだに知恵さんはそのことを母親には話せていないようです。

なぜかと聞くと、「母は私といるのが幸せみたいなので、母を悲しませたくないから」という答えが返ってきました。

「お母さんのせいにしているけど、自分が親元を離れるのが怖いからじゃないの」と意地悪な質問をすると、ちょっと考えて、「そうかも」と小さくうなずきました。

心配なのは、最近知恵さんが笑顔をあまり見せなくなっていること。会社では、言われたことはちゃんとやるけれど、自分からは提案しない指示待ち人間。30歳になるまで自分の人生を選んでこなかった知恵さんには、母親から独立して新たに人生を選ぶということは、とても難しいことになってしまっているのではないかと思います。

人生は「選択」の連続です。大人になったら、「選択」して自分が選んだものに責任を持たなくてはなりません。自分の「選択」に責任が持てなかったら、それは無責任ということになるからです。

子供の人生を親が選ぶことはできません。子供が選んで、責任を持つ。その繰り返しが、子供の自立心を育てる訓練になります。知恵さんの場合、その第一歩が親から離れることではないかと思えて仕方ありません。

2
「倫理観」は子供を守る武器

見返りの期待なしの
「プレゼント」は存在しない

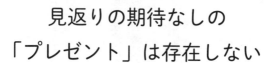

なぜ「倫理観」が大切なのか

世の中には多くの不正が存在しています。

特に政治については、法律家のトップである法務大臣が、公職選挙法違反の罪で逮捕、起訴されるという前代未聞の事件が起きているだけでなく、現職の国会議員が次々と収賄罪などで逮捕される事件が起きています。

こうした事件に関わっている人の多くが、良い大学を出て、社会的にも高い地位にいるいわゆる「勝ち組」。

けれど、**学業面の優秀さと人間としての倫理観は別**ということ。

大きなお金が動く犯罪に関わっている人の中には、学校の成績もよく、優秀で、社会的にもエリートとしてバリバリ働いてきた人たちも少なくありません。彼らの親は、犯罪が発覚するまでは、エリートでバリバリ働く子供の姿だけを見て安心し、「自分は子育てに成功した」と思っていたのではないでしょうか。

けれど、**学校の勉強だけでなく金銭面での教育もしっかり**していかないと、子供が手錠をかけられて引き立てられていく姿を見ることになるかもしれません。

理由なくお金をくれる人はいない

人間は誰でも弱い心を持っていますから、差し出されたお金を振り払うには勇気がいります。

肝に銘じておかなくてはいけないのは、**お金がなんの理由もなく懐に転がり込んでくることはない**ということ。お金をもらう時、お金をあげる時には、必ずそうしなくてはいけない理由があります。

特に、**お金を受け取るということは、その見返りとして何かを期待されるということ。**

そして、もらってしまったら、その見返りのために働かなくてはなりません。もらったままというわけにはいかないのです。

もちろん、寄付などで見返りを求めずにお金を出す人もいます。けれど、それはよほど志が高い人で、そうした人は少ないと思った方がいいでしょう。

お金は、人を豊かな生活に導くだけでなく、人生を滅ぼす魔力も秘めています。そのことを子供の頃からしっかりと教え込んでおかないと、賄賂をチラつかされたら飛びついてしまうようなさもしい大人になってしまうかもしれません。

親のふるまいで子供は「やってはいけないこと」を覚える

私が知っている官僚のAさんは、国土交通省で公共工事の認可などの仕事をしていました。

仕事柄、業者の付け届けも多いのですが、Aさんはそうしたものを片っ端から突き返していました。妻が知人からのプレゼントと間違えて箱を開けてしまった時には、妻を叱って包み直させ、送り返しました。

また、「打ち合わせ」という名目で業者が飲食の場を設けることもありますが、そういう誘いはいっさい断り、仕事上どうしても断りきれない時には、必ず飲食代を割り勘にしていました。

なぜ、そんなに潔癖なのかと聞くと、すでに亡くなっているAさんの父親も官僚で、その父に教えられたのだそうです。

ある日、家に高価なメロンが届き、Aさんが「美味しそうなメロンなのに、もらってはダメなの?」と聞くと、父親はこう言ったそうです。

「人からモノやお金をもらったら、ただもらいっぱなしというわけにはいかないだろう。その人に少しはよくしてあげようと思う。でも、お父さんの仕事は多くの方の税金を使う仕事だから、みんなに公平によくしてあげなくてはいけないんだよ。何かをもらった誰かだけによくしてあげることは、法律でも禁じられているんだよ」

こうしたことを堂々と子供に言えるお父さんは立派であり、だからこそAさんも、お父さんのようにしなくてはいけないと深く肝に銘じているようです。

そしてお父さんは、こうも言ったそうです。

「もし誰かがお金もしくは金目のものをくれるとしたら、その理由は何かということを考え、不正なことがありそうだったらもちろん受け取ってはいけないし、その理由がわからなかったら、相手に返す勇気も必要だよ」

役人にとって、賄賂をもらうということは明らかに犯罪ですから、逮捕されても申し開きできません。

努力して、勉強して、難しい国家公務員試験を乗り越えて、その結果、犯罪者の烙印を押されるというのは、なんとも悲しいことです。

誰かがお金をくれるということは、繰り返しになりますが、必ず「くれる理由」があります。

その理由が何かということを相手がはっきり言わなくても、もらった時点で「承知しました」ということになってしまうのです。

大の大人、それも大臣と呼ばれる人でさえ、こうした分別もできずにお金を受け取り、そのために一生を棒に振ってしまうのです。ましてや、普通の人間には、こうした誘惑は抗いがたい。

親がこのことをしっかりと教えてあげなければ、将来、思いもかけない落とし穴に落ちてしまうことになりかねません。

善悪がわからなければ「君子危うきに近寄らず」

今の時代はすべての物事が混沌としていて、大人でさえ、善悪の区別がつかないことが多々あります。

たとえば、2003年に中東でイラク戦争が起き、推定で50万人が犠牲となりました。この戦争は、イラクが大量破壊兵器を保有しているとアメリカが主張し、当時のジョージ・W・ブッシュ大統領が多くの国に呼びかけて始めた戦争です。

イラクは「悪」で、一般市民をサダム・フセインの圧政から解放するのがアメリカの「善」だという大義名分でした。そしてアメリカは、イラクのサダム・フセインを捕まえ、処刑してしまいました。

けれど後にイラクから大量破壊兵器は発見されず、50万人もの人がこのブッシュ大統領の「嘘」の犠牲になったことが明らかになりました。

つまり、それまで「善」だったアメリカが「悪」となり、連合軍に国土を破壊された人々は欧米を憎み、テロ活動家となり、憎しみの連鎖の中で世界中がテロの脅威の中に投げ込まれました。

アメリカがイラクに手を出した根底には、石油利権があったと言われています。

今の子供たちは、こうした「善」と「悪」が混沌とした世の中で生きていかなくてはなりません。

そもそも、親でさえも「善」「悪」を判断するのは難しい時代ですから、これを子供が判断するということは、かなり難しいことです。

ただ、難しいことですが、**子供のうちから自分にとっての「善」とは何か、「悪」とは何かという価値観を持たせることは大切**でしょう。なぜなら、**そうした価値観は一朝一夕に得られるものではない**からです。

お金の罠は、いたるところに張り巡らされています。

しかもこれからの世の中は、今まで以上にお金で左右されることが増えます。ビジネスの現場では、人間関係もお金が土台になっているというケースが少なくない。

世の中はお金の誘惑に満ちていて、その誘惑に飲み込まれず、それをはね除《の》けながら社会人としての倫理を持って生きていくことは、簡単なことではありません。

ですから、誘惑をはね除けられないまでも、**「君子危うきに近寄らず」ということは、最低限、子供に教えておかなくてはなりません。**

そこで大切なのが、「何が危ういのか」というカンを働かせられること。この場所は近づいたら怖い、このお金はもらったら何かありそう、この人とは仲よくなったら危ない、そういうカンが働くようになっていれば、いきなり人生の落とし穴にはまってしまうことも避けられるでしょう。

CASE STUDY

子供にも「危ないお金」を理解させよう

6歳のよしおくんは、好きなおもちゃのついたお菓子があると欲しがってダダをこねます。

お母さんが「お金がないからダメ」と言うと、「うそだね。お母さんはお金があるのに僕にはくれない。僕にもお金ちょうだい」と言います。

「小学校に入ったらお小遣いをあげるから、それまではダメ」と言うと、「今ちょうだい」と泣き出します。しかたなくお菓子を買ってあげると、すぐに機嫌がなおるのですが、また次に買い物に行く時も、「お金をちょうだい」とねだります。

そうしたことが何度か続き、「この子は、ねだればなんでも思い通りになると思っているのかしら」と思ったお母さんは、途方に暮れてしまいました。

心配になったお母さんは、同居している自分の実の母に相談しました。

するとおばあちゃんは、「よしお、おばあちゃんと一緒にテレビを見よう」と孫を膝に乗せてお菓子をあげ、いつも見ている時代劇を見始めたのです。

その時代劇では、商人が悪代官に小判を差し出し、「どうぞよろしくお願いします」と頼みごとをしていました。時代劇では定番の、「これでどうかよしなに」「おぬしも悪よのうホッホッホッ」という、定番のやり取りです。

それを見せて、おばあちゃんがよしおくんに言いました。

「よしお、あの人たち、どうなるか見ててごらん」

時代劇は6歳の子供には難しいと思うかもしれませんが、**通常は6歳を過ぎると、見てストーリーを理解したり、登場人物の表情から感情を読み取ったりできるようになります。しかも時代劇のストーリーは単純で勧善懲悪なので、悪人と善人がわかりやすい。**

最後に悪巧みをしていた悪代官と商人が正義の味方の主人公に斬られて終わるというところでは、大人だけでなく子供でも「よかった」と思うようです。

時代劇が終わったところで、おばあちゃんがよしおくんに聞きました。

「悪者は、なぜやっつけられたのかわかるかい」

「みんなのお金を独り占めして、ズルしたから」

よしおくんがそう答えると、おばあちゃんは、

「そうだね。**みんなが働いて貯めたお金を、働かないのに自分のものにするのは、ズルだよね。**だから、やっつけられちゃったね。よしおはズルしてもお金が欲しい？」

「僕は、ズルはいけないと思う」

「だったら、どうすればズルせずにお母さんからお金がもらえるかな？」

よしおくんは少し考えて、こう答えました。

「お母さんのお手伝いをする。そうして、お金をもらう」

お金にまつわる「善」「悪」を考えさせる

よしおくんはおばあちゃん子で、おばあちゃんの膝の上が大好きです。その大好きなおばあちゃんの膝の上で、好きなお菓子を食べながらテレビを見るのは、とても心地いい。おばあちゃんの膝の上で温もりに包まれていると、安心します。そのうえで、**優し**

い言葉で「善」「悪」を教えられたら、お金に興味を持ち始めた子供の心には、それが正しい知識としてしみ込んでいくはずです。

子供にはなるべくテレビを見せない方がいいという教育方針の親御さんもいます。それはそれぞれのご家庭の方針なのでいいのですが、テレビがダメなら本を読んだり絵本を見せたりして、「善」「悪」を子供に教えてはどうでしょうか。

お金のトラブルがあるシーンなどが出てきたら、このおばあちゃんのように「この人はなぜこんな目に遭ったんだろうね」と子供に聞いてみましょう。まずは子供自身に考えさせ、子供がわからなければ優しい言葉で説明してあげましょう。

そうすれば、大きくなって贈収賄のニュースなどを見た時に「なんてやつだ」と憤り、自分はあんな生き方はしたくないと思う大人に育っていることでしょう。

幼くとも「人からモノをもらったらダメ」を守らせる

4歳のともみちゃんはいつもニコニコ元気で、ご近所からも可愛がられています。

一緒に買い物に行くと、豆腐屋さんや八百屋さんから「ともみちゃん、元気だね」と声をかけられるのはいいのですが、じっとしているのが苦手なようで、ちょっと目を離すとどこかに行ってしまい、お母さんは心配でたまりません。

ある日、いつものようにお母さんが買い物をしているあいだに、ともみちゃんの姿が見えなくなりました。どうしたのだろうと探していると「ママ〜」と走ってきました。その手には漫画のシールが3枚握られていました。

「どうしたの、これ？」と聞くと、「お兄ちゃんがくれたの」と後ろを指さしました。けれど、そこには誰もいません。

「どこのお兄ちゃん？」

「知らない」

お母さんは、ともみちゃんが帰ってきたことでホッとして、「もう勝手にどこかに行っちゃダメよ」ときつく叱りました。

そのことを会社から帰ってきたお父さんに話すと、お父さんはいつになく厳しい口調で、「**知らない人から何かもらったら、絶対にダメ**だよ」とともみちゃんに言いました。

その言葉にともみちゃんが泣きそうになると、ともみちゃんをぎゅっと抱きしめて頬ずりしながら、「欲しいものはお父さんが買ってあげるから、知らない人からもらっちゃダメだよ」と、もう一度優しく言い聞かせました。お父さんの優しい言葉にホッとしたのか、ともみちゃんは「わかった、もう、知らない人からはもらわない」とお父さんの首に抱きつきました。

子供は「可愛いから」というだけで、知らない人からモノをもらうことがあります。けれどこれは、絶対に見過ごしてはいけません。なぜなら、大人になれば、モノをもらうかわりに何かしなくてはならない交換条件が必ずついてくるからです。

愛情を示しながら「ギブ＆テイク」の意味を教える

若い女の子が男性と付き合ってお金をもらう「援助交際」が問題になっています。彼女たちの中には、付き合っても誰も傷つけないし、相手は慰められ、自分もお金をもらえるのだからいいじゃないかと主張する子もいます。

けれど、「援助交際」をしてはいけない大きな理由は二つあります。

一つは、自分の身が危うくなるかもしれないこと。相手がどういう人かも確かめず、お金のためだけに付き合うのは危険です。たとえ良い人であったとしても、性病をうつされたり、妊娠する危険性があります。しかも未成年の場合には、SNSなどで噂が広まって、将来にも響く可能性があります。

もう一つは、お金だけの交際では、心が満たされないということ。情欲はあっても、愛情がないからです。お金は手にできても、心の方が貧乏になって、自分が情けなくなってくるでしょう。そうした心を満たすために、ますます「援助交際」にのめり込んでいく人もいるようですが、それで心が満たされるということはまずないでしょう。

「ギブ&テイク」という言葉がありますが、**モノは無条件にもらってはいけない**ということを、子供のうちからしっかり教えておかないと、将来、大変なことになるかもしれません。そのためには子供を叱ることもあるかしれませんが、**叱った後はしっかりギュッと抱きしめて、親としてできる限りの愛情を示し、愛されることの心地よさを感じさせてあげましょう**。

世の中には、タダはない。けれど、親の愛情だけは見返りを求めないということも、しっかり教えてあげた方がいいからです。

3

お金の価値を理解できている？

稼ぐ「大変さ」は、
教えないとわからないまま

お金を稼ぐのは大仕事、失うのは一瞬

お金を稼ぐことの大変さは、多くの人が身にしみて感じていることだと思います。特に昨今の不況の中では、働いても手にできる収入が少なく、苦労している人も多いことでしょう。

その大変さを子供の頃から教えておくことは、実はとても大切なことです。

お金を稼ぐことがどれだけ大変かは、わざわざ教えなくても、大人になればわかることだと思っている人もおられるでしょう。

ただ、親がそれを教えずに、「何とかラクして楽しく暮らす方法はないかな」と考えてギャンブルにのめり込んだり、やたらに借金を重ねたりしていると、子供も「ラクな人生」を求めるようになってしまうかもしれません。

なぜなら**親は子供の鑑で、多くの場合、生きて行く方法を最初に手本として教えてくれる人**だからです。

もちろん、夢を見る程度に宝くじを買うのは構いませんが、当たらなかったら子供にハズレくじを見せて、「世の中、甘くないね」と教えてあげましょう。

落語「芝浜」から学ぶ教訓

有名な古典落語に「芝浜」という演目があります。

毎日、天秤棒を担いで魚の行商をしている男がいました。ただ、酒好きなのが玉にキズ。酒の飲み過ぎでいつも失敗して、貧乏長屋暮らしから抜け出せないでいました。

そんな男が、ある日、早朝に魚を仕入れに出かけ、浜辺で大金の入った革の財布を見つけます。今まで見たこともないようなお金に、有頂天になって自宅に帰り、これで一生涯楽ができると、仲間を集めて大宴会を開き、思う存分好きな酒を飲みます。

ところが二日酔いで目を覚ましてみると、女房が怒って目の前に立っていました。男は大金を拾ったからこれからいい暮らしができると女房に言うのですが、あんたは金欲しさに、とんでもない夢を見たのだろうという。実際、家中探してもそんな金はない。

本当にとんでもない夢を見たものだと諦め、女房に許しを請い、それからは心を入れ替えて一生懸命に働きました。

その甲斐があって、3年後には大きな路面に店も構えることができ、いっぱしの旦那となることができました。

そんな大晦日の夜、女房が古い財布を見せ、実は3年前に確かにあなたは大金が入った財布を拾ったけれど、多少の金でも盗めばクビが飛ぶご時世に、急に大金を使い出してその財布の持ち主が現れたら大変なことになる。大家と相談して、拾った財布を役所に届け、あなたには、最初からなかったと言ったのだと告白しました。

ただ、3年たっても持ち主が現れなかったので、役所から財布が下げ渡されたというのです。

それを聞いた男は妻に感謝します。妻の嘘のおかげで、自分は自堕落な生活から抜け出し、真っ当に稼いで店まで持つことができた。

妻も懸命に働いてきた夫をねぎらい、今宵こそはと3年ぶりにお酒を差し出しました。それを飲もうとして、男は手を止め「よそう。また夢になるといけねえ」と、お酒の入った杯を置きます。

現実は落語よりびっくり仰天

落語の「芝浜」には、棚からぼたもちのように入ってきた**「あぶく銭」を手にすると、気が緩み、真剣に働くことを忘れて痛い目に遭うことになる。**だから、**そうしたものを求めずに、真面目にコツコツ働きなさい**という教訓があります。

実際に、「あぶく銭」は、無駄なことに使われやすいというだけでなく、時には人の金銭感覚をも狂わせて、命を危険にさらすトラブルの原因にもなりかねません。

今から15年ほど前の、２００６年の話です。

フロリダ州で、貧しいけれど真面目に働いていたアブラハム・シェークスピアという男が、ある日なけなしのお金で買った宝くじが当たり、なんと3000万ドル（日本円で約35億円）というとんでもない大金を手にしました。

どんなに使っても使い切れない大金を手にした彼のところには、親戚縁者と名乗る人たちが山のようにつめかけ、困っているからとお金を借りにきては踏み倒して逃げて行くことの連続。

ついには、仲の良かった同僚までもが、自分が買った宝くじを彼に盗まれたと訴える事件まで起きました。

こんな状況が続いたことで彼はすっかり人間不信になり、孤独になっていきました。

そんな彼に近づいてきたのがドリスという女性です。彼女は彼のために尽くし、彼も彼女を信じるようになります。

ところがこの女性はとんでもない詐欺師で、彼のお金を横取りしただけでなく、最後には彼を撃ち殺し庭に埋めてしまいました。

そんな彼女に近づいてきたのが、二人のならず者。「金のためならなんでもやる」といって彼女に近づいてきた彼らは、実は囮《おとり》の警察官。この二人の前で事件を自白した彼女は捕まって、現在、終身刑に服しています。

なんとも、びっくり仰天な結末でした。

あぶく銭こそ堅実に

日本にも、宝くじで1000万円以上当たった人には、「【その日】から読む本」という冊子が無料で配られます。

この冊子を見ると、「ひとりでも人に話せば、うわさが広まるのは覚悟しよう」とか、「後悔するような軽はずみな言動に注意する」「当せん直後は、興奮状態にあるという自覚を」など、とにかく冷静になり、人には教えない、不安に陥らないなど、弁護士や臨床心理士の経験上の立場から、思わぬ大金を手にした時に覚えておかなくてはいけない心構えが書かれています。


実は、**高額な親の遺産や多額の生命保険を手にした途端、それまでの堅実な金銭感覚**

が麻痺してしまうという人は多くいます。

たとえば、住宅ローンを払いながら二人の子供の教育費を貯金するという堅実な生活をしていたAさん。ところが父親が亡くなり、いきなり5000万円もの大金が転がり込んできました。

奥さんは「これで住宅ローンを完済しよう」と言いましたが、Aさんは将来のために投資で大きく増やそうと主張しました。

Aさんはそれまで投資などしたことがなかったのですが、5000万円が銀行口座に振り込まれた途端に銀行の営業マンから「貯金しても利息は微々たるものなので、投資して老後をもっと安心にしておきましょう」という電話がきたのです。

そこで営業マンの言うとおりに投資したのですが、リーマンショックで増えるどころか目減りさせてしまいました。

これでは将来大変なことになると思い、証券会社のFX（外国為替証拠金取引）セミナーに参加し、投資を始めたのですが、これがまた裏目に出て、元金を失っただけでなく借金まで背負い、妻とは離婚、家も手放す悲惨な状況になっています。

「悪銭身につかず」という言葉があります。

悪いことをして稼いだお金は、とかくつまらないことに使ってしまって残らないということわざです。「悪銭」とまではいかずとも、**自分が汗水流して稼いだお金ではないあぶく銭だと、「悪銭」と同じようにくだらないことに使って失うケースがままあります。**

所詮は苦労した実感に乏しいものですから、大切にせずに無頓着に使いがちなのです。しかもそれで一度贅沢をしてしまうと、贅沢に慣れ、身を滅ぼしやすくなってしまう人が多い。

「棚からぼたもち」の怖さは、実は、ここにあるのです。

CASE STUDY

お金の価値を子供自身で実感させよう

子供は、一定の年齢になるまでは、お父さんが会社で大変な思いをしながら働いて、給料を稼いで家族を養っているという状況を理解していません。ですから、お金というのは常に家にあるものだと思っています。

それなのに、自分にはくれないと不満を抱く子供もいます。

学校から帰ってくるなり、8歳の悠人くんはお母さんに言いました。

「お母さん、ぼく、お小遣いが欲しい」

それまでは、必要なものはお母さんやお父さんに言えば買ってもらえることになっていました。ですから、お小遣いはあげていなかったのですが、友達がお小遣いをもらって自分でいろいろなものを買うのを見て、悠人くんもうらやましくなったのでしょう。

お母さんは以前、お父さんと、悠人くんが小遣いを欲しがるようになったらどうすればいいか、話し合ったことがありました。

「クラスのお母さんに聞いたら、お小遣いは1年生なら100円、2年生なら200円、3年生なら300円と、学年が上がったら100円ずつ上げているようだけど」

お母さんがこう言うと、お父さんが言いました。

「他の家庭はどうかわからないけれど、うちは小遣いをやるなら、その代わりにもっと家の手伝いをさせた方がいいんじゃないか。**お金って簡単に手に入るものじゃないってことを、悠人にも小さな時からわからせた方がいいと思うけど**」

お小遣いは「仕事をして稼ぐ」ことを学べるチャンス

確かに、お金はそれなりに働かなければ入ってきません。

ご家庭によって小遣いのあげ方にはそれぞれの方針があると思いますが、まず**子供には、お金というのは親が一生懸命に働いて稼いだもので、それでみんなが生活をしてい**

るのだということを教えた方がいいと思います。**お小遣いをあげるなら、それに見合うだけ家の手伝いをさせる**方が、黙っていてももらえるよりも、本人のためになるのではないでしょうか。

そこでご両親は、悠人くんには、新聞を取りに行くことと夕食の食器の片付けのお手伝い、自分の部屋の掃除を、お小遣いをあげる3つの条件にしました。これがちゃんとできたら、毎月1日に200円のお小遣いをあげることにしたのです。

家というのは、社会の一番小さな単位です。それぞれが自分の役割を持ち、協力し合っていくことで、家庭が成り立ち、社会が成り立ちます。**自分の役割を果たして得たお金こそ自分が堂々と持っていてもいいお金**なのだということを、幼い頃から実践で教えることは、今の時代には必要なことではないかと思います。

値上げするなら、お手伝いも増やす

悠人くんのお兄ちゃんの健人くんは、10歳。お小遣いは400円です。

でも、人気マンガのカードを集めていて、400円では友達に自慢できるようなキャラクターが手に入らないので、お父さんにお小遣いを値上げして欲しいとお願いしました。

お父さんは「健人がもっとお母さんの手伝いをするなら、そのぶん値上げしてあげよう」と言いました。

「じゃあ、僕、もっと勉強頑張るよ」

するとお父さんがニヤッと笑って言いました。

「健人は、誰のために勉強しているんだ。**勉強は、自分のためにやるものだろう。だから、頑張るのはえらいけれどあたりまえ。お手伝いにはならないよ。**

お手伝いというのは、家族のみんなが健人にやって欲しいと思っていることだから、たとえばミミ（ペットの犬）の朝晩の散歩とか、お母さんがやっている生ゴミや資源ゴミを出すことなんかを代わりにしないとダメだよ」

お小遣いをお手伝いの交換条件にすれば、子供はもっと小遣いが欲しいという時に「もっと手伝えることはないか」と考えるようになります。

こういうやり方は、子供をお金で釣るようでよくないと思う親御さんもおられるでしょう。ただ、アメリカやヨーロッパでは、「If you don't work, you don't get paid.（働かざる者食うべからず）」ということを、子供の頃から親が教えます。

もちろん、我が家には我が家の方法があるというのはいいです。

要するに、**「ちょうだい」とねだったら苦労せずに小遣いがもらえる、という感覚を持たせなければいい**のです。お金は簡単には手に入らないものだということを、子供のうちから実体験で覚えさせることが、子供に「棚ぼた心」を持たせないことになるのです。

サボったらお小遣いが減るのはあたりまえ

8歳の亜矢ちゃんは、お母さんがたたんだ洗濯物を、2階に持って行ってタンスにしまうのが「お仕事」です。

でも、学校から帰ってきて宿題を済ますと、もう夕食。夕食の後は少しゲームをしてもいいことになっているので、ゲームをしてお風呂に入ると、もう眠くなります。リビングのソファの横にお母さんがたたんだ洗濯物が置いてあるのはわかっているのですが、眠くてそれを2階に運ぶことができません。

「亜矢ちゃん、洗濯物は？」

「うん、明日起きてやる」

けれど、朝はギリギリまで寝ているので、洗濯物の片付けどころではありません。


亜矢ちゃんが学校から帰ってくると、ソファの横の洗濯物は片付けられていました。

「昨日、お手伝いしなかったから、そのぶん今月のお小遣いから10円引いておくね」

お手伝いをする代わりに小遣いをあげるという約束を両親は亜矢ちゃんとしています。お母さんがお小遣いを減らしたのは、「罰」ではなく、あらかじめ「お手伝いをサボったら、マイナス10円」と決めてあったからです。

やむを得ない事情があるときは別ですが、**子供が特別の事情もないのに約束を破った時には、「仕方ないね」などと見て見ぬ振りをしない方がいい**です。

なぜなら、社会に出てから約束を破ったら、そんなに優しく許してくれる人はほとんどいないからです。

ただ、「罰」ではなく、あらかじめルール通りにしただけですから、子供を叱ってはいけません。

多くの子供は叱られることに恐怖心を覚えるので、無闇に叱ると「明日からしっかりやろう」という前向きな気持ちになれなくなるかもしれないからです。

祖父母からのお小遣いとの付き合い方

亜矢ちゃんはお正月とお盆にはおじいちゃんとおばあちゃんの家に行きます。おじいちゃん、おばあちゃんは、亜矢ちゃんの好きなケーキやいろいろなおもちゃを買って待っています。

ある日、おじいちゃんが亜矢ちゃんに「お小遣いだよ」と言って1000円札をくれました。

「どうして、お手伝いしていないのに、お小遣いをくれるの?」と亜矢ちゃんは、お母さんに聞きました。

お手伝いをしないとお小遣いがもらえないと教えられている亜矢ちゃんには、お手伝いもしないのにお金をもらうというのがわからなかったのでしょう。

お母さんは亜矢ちゃんに、「おじいちゃんは、遠くに住んでいるから、亜矢ちゃんと買い物に行きたくてもいけないの。

そのかわり、亜矢ちゃんが本当に欲しいものがあった時に、このお金で買ってもらいたいと思って渡したんだよ。だから、これはどうしても欲しくて我慢できなくなった時のために貯金しておこうね」と言いました。

孫に甘い祖父母は多いです。祖父母からもらうお小遣いは子供にとっては多めなので、自由に使わせてしまうと「無くなったらおじいちゃん、おばあちゃんにもらえばいい」と思うようになるかもしれません。

それを避けるために、**臨時収入ということでいったんは貯金させ、よく考えてから感謝しながら使うことを覚えさせましょう。**

4
お金で敵をつくらない「知恵」

「思いやり」は
経験から身につく。
独り勝ちでは楽しくない

「お金に汚い」子供にしないために

イギリスの文豪チャールズ・ディケンズの書いた『クリスマス・キャロル』という小説があります。

主人公はお金に執着する無慈悲な守銭奴のスクルージという商人。クリスマス・イブに自分の過去と現在と未来を見せてくれる三人の幽霊に出会い、いかに自分が利己的で金銭欲にまみれていたか、このままなら最後にどれほど悲惨な死を迎えるかということを思い知り、人間らしい温かい心を取り戻すという物語です。

この物語はお金についての多くの教訓を含んでいて、人生についても深く考察されているものなので、幼い子供には絵本などで読み聞かせてあげることをお勧めします。

「自分さえよければ」を叱ってはいけない理由

主人公のスクルージは、ある事件がきっかけでお金しか信じない守銭奴になりますが、彼のように**お金の誘惑にとらわれ、不幸な人生を送る人はたくさんいます。**

子供にとってのお金の誘惑は親が思う以上に強いものなので、幼いうちにお金で人生を縛られない、「愛される金銭感覚」を身につけさせておくことが大切でしょう。

イギリスの教育者A・S・ニイルの有名な言葉に、「問題のある子供がいるのではなく、問題のある親がいる」というものがあります。つまり、**問題のある親が、自分の子供を問題のある子供に育ててしまう**ということです。

彼は『問題の子ども』という著書で、「子どもの利己主義を抑圧する母親は、その利己主義を固着させてしまう。満たされない願望は、無意識の中で生き続ける。利己的であってはいけないと教えられた子どもは、ずっと利己的なままで終わる」と書いています。

彼は、**そもそも人間は利己的なのだから、小さな子供に利己的になってはいけないというのは間違っている**と言います。

たとえば、幼い子供に母親が「リンゴを弟と分けなさい」と言っても、まだ分別のない子供は利己的ですから、自分で全部食べたいと思う。自分が全部食べたいリンゴを、親が弟に分けてあげろというと、弟を憎むようになるというのです。

リンゴを弟にも分けてあげようという博愛の心は、もともとあるものではなく後から生まれるものなので、まずは利己主義を捨てる教育をしなくてはなりません。

利己主義を捨てさせるには、利己主義はいけないことだと頭ごなしに叱るのではなく、親が子供に寛容や信頼や理解を示すことが大切です。親に愛されていると感じると、自分も誰かを愛することができ、利己主義の先に相手を思いやる心が生まれるものです。

けれど頭から「利己主義は悪いこと」と決めつけて叱ると、子供は利己主義ではないふりをするけれど、表に出さないだけで、利己主義の悪い根が心の中にはびこっていくというのです。

欲しいのは本当の満足感

お金というものは、今の世の中では最も手っ取り早く欲望を満たしてくれるものです。寂しい時や悲しい時、辛い時にお金があって、それを使って自分の思い通りのことができれば、その時にはつかの間の満足感を得られるかもしれません。

けれど、それは本当の満足感ではありません。

『クリスマス・キャロル』のスクルージが、貧しくても愛がある温かい食卓で、冷たくした自分のことを祈ってくれる甥の姿を見て心が突き動かされたように、人間は本当の温かさや愛情に触れると嬉しいものです。

そうした温かさに触れることができないゆえに、気持ちを満たすため、犯罪に走る人も多くいます。

特に子供は、温かい人間関係を求めます。そのため、友達がゲーム感覚で万引きをやっていると、仲間に認められたいという気持ちから万引仲間に入ることもあります。

単なる物欲ではなく、心の満足感を得るために、やってはいけないことに手を出す。それが、もしかしたら将来大きな犯罪に結びつき、子供の人生を台無しにしてしまうかもしれません。

「分かち合い」が生む幸福

昭和の日本は、みんなで協力して上を目指す社会だったので、**「勝ち組」も「負け組」もなく、みんなで分かち合うという温かな人間関係がありました。**

九州の博多といえば、明太子が名産品。今は博多だけでなく、北海道や北陸などいろいろなところで明太子をつくっていますが、実はこの明太子を最初に開発したのは福岡の「ふくや」の創業者である川原俊夫氏です。スケトウダラの卵を生のままなんとか美味しく食べられないものかと10年かけて研究開発し、独自の調味液に漬ける製法を編み出しました。

売り出された明太子は大評判で、店の前に行列ができました。

通常なら、これだけ人気で売れるなら、特許をとって自分のところでしか製造できないようにするものですが、川原氏は惜しげもなく製法を周囲の店に教えただけでなく、仕入先まで教えてあげたので、博多ではみんなが明太子をつくって売るようになりました。

しかも、開発したのは「ふくや」なので、普通なら「元祖明太子」を名乗るものですが、川原氏は「元祖だろうがなんだろうが、美味しいところが支持されるだけ」という信念で、「元祖」を名乗りませんでした。

結果、九州の博多といえば明太子ということになり、博多の店は全国からの注文でみんな潤いました。

ちなみに創業者の川原氏はお金が貯まると寄付をしていたので、巨額な明太子の売り上げは寄付に消え、ほとんど遺産はなかったとのこと。

お金は残さなかったけれど、開けっぴろげで涙もろく、仲間のために奔走する川原氏は博多中の人たちに愛され続け、多くの仲間に囲まれて幸せに生涯を終えたそうです。

「独り勝ち」では幸せになれない

これからの子供たちが生きて行く世の中は、インターネット抜きでは考えられなくなっています。

子供たちは、ネットでさまざまな人と繫がりながら、今までと違ったかたちのコミュニケーションをとって生きていきます。

ただ、インターネット社会になったからといって、人との接触がなくなるわけではありません。人は、人と付き合いながら生きていかなければ、幸せになれないからです。

これからはますます、**「勝ち組」になって孤立することよりも、みんなと一緒に豊かになって、「共存共栄」で生きていくことが大切**になります。

「共存共栄」とは、みんなが手を取り合って、一緒に栄えることです。博多の明太子の川原氏のように、みんなで儲けてみんなで幸せになろうということが大切です。

なぜ、「共存共栄」が必要かと言えば、ネットではさまざまな情報が思いもよらない速度で伝わっていきますから、「勝ち組」は今よりさらに反感を持たれやすくなり、「独り占めするやつ」というレッテルを貼られると、それだけで足をすくわれかねないからです。

インターネットの社会は、縦構造ではなく横広がり。そこでは、さまざまな人と容易に出会えます。

自分が何かやりたいと思ったら、その道のプロにも出会える。そして、お互いが持っている知恵を出し合って、さまざまなものを生み出すことができます。

志が同じ仲間と容易に出会え、一緒にさまざまなことをすることで一緒に栄えて、豊かな心で人生を送ることができたら、素晴らしいと思いませんか？

「独り勝ち」で憎まれる子供よりも、「共存共栄」の精神で多くの人と手を取り合いながら、愛されて良い人生を送れる方が、親としては安心ではありませんか？

CASE STUDY

他人のことが考えられる「思いやり」を育てよう

9歳の和也くんのクラスでは、算数の授業の時に二つのグループに分かれます。よく理解できている人はA班で、まだよくわからない人はB班。A班は応用問題に進みますが、B班は基礎をしっかり教わります。

算数が苦手な和也くんはいつもB班。お母さんはそれがちょっと恥ずかしくて、なんとかA班に入って欲しいと思っています。

「塾に行ったら、A班に入れるかもよ」

「塾には行きたくないよ。ボク、B班でいいから」

「トモくんも、カッちゃんもA班なんでしょう？　自分だけB班でくやしくないの？」

「どうして？　だってトモくんたちは算数ができるけど、ボクはできないもん」

お母さんはこんな和也くんをお父さんに説得してもらおうと思いました。けれどお父さんは「まだ小学校3年生なんだから、本人の好きにさせてあげれば」と言います。「B班なら、和也にもわかるように教えてもらえるのに、無理に背伸びしてA班に入ったら、落ちこぼれるぞ。和也は、算数より本を読むのが好きだから、オレに似て、理系じゃなく文系なんだろう、きっと」

子供には一人一人個性があり、得手不得手があるのはあたりまえだということは、お母さんも頭ではわかっているのですが、実際に成績表を見せられると「この子には、向上心がないのかしら」と思い、「こんなことで、社会に出てやっていけるのかしら」と心配になります。

そんなある日、PTAの帰りにトモくんやカッちゃんのお母さんと一緒にお茶を飲みながら、和也くんのお母さんは思いがけない話を聞きました。

「カズくん、偉いよね。東日本大震災で困っている子供たちに、みんなでお小遣いを送ろうと、ユニセフのこととかを一生懸命に調べたそうね。結局、このクラスだけでお金を送るのは学校としては難しいということになったらしいけど」

ママ友に褒められ、お母さんは嬉しかったのですが、自分の知らないことだったので驚きもしました。そして、「あの子も、いいとこあるんだな」と感心しました。

子供の成績が気になっても、けっして友達と比較しないこと。

子供には、それぞれに良さがあるからです。そして、「他の子に負けているのが悔しい」ではなく、「他の子にない、こんな良さが我が子にはあるのだ」という見方をしてあげること。

なぜなら、これからの時代は、どれも平均点という人よりは、**何か一つずば抜けたものを持っている人の方が求められ、やりがいのある面白い仕事につくことができるか**もしれないからです。中でも、仲間をまとめる力を持った子供というのは貴重な存在です。

友達と助け合う「嬉しさ」を経験させよう

9歳の麻理ちゃんは、夏美ちゃんと仲良しで、幼稚園の頃からの親友です。

でも最近、夏美ちゃんの元気がありません。自転車で図書館に行ったら、自転車を駐輪場で盗まれてしまったからです。いつも麻理ちゃんと夏美ちゃんは自転車で遊んでいたので、麻理ちゃんもがっかり。一人で自転車に乗ってもおもしろくないからです。

夕食の時に、お母さんが麻理ちゃんに、夏美ちゃんのことを聞きました。

「麻理、最近、夏美ちゃんと遊んでないの？」

「だって、夏美ちゃんは自転車持っていないから」

夏美ちゃんの話をあまりしなくなったのには、そんな事情があったのかとお母さんは思いました。

「でも夏美ちゃん、自転車がなくなって悲しいのに、麻理とも遊べなくなったらもっと悲しいんじゃない。麻理がそうなったら、どう思う？」

子供が仲良しの友人のことを話さなくなったら、何か人間関係に変化があった証拠。 友人関係に親が首を突っ込むのはよくないかもしれませんが、何が原因だったのかくらいは知っておいた方がいいでしょう。いじめなどの芽を見つけることにもつながるからです。

そして、もし**子供が困っている友人を見捨てるようなことをしていたら、少し立ち止まって考えさせましょう**。その時は、親が一方的に「可哀想だから付き合ってあげなさい」などと言ってはいけません。子供自身に友達の気持ちを想像させることが大切。

次の日、麻理ちゃんは自転車で夏美ちゃんの家に行き、かわりばんこに自転車に乗って遊びました。夏美ちゃんは、とても喜んでくれました。

友達が喜ぶ顔を見たら、子供だって嬉しいでしょう。そして**これからも、友達が困っていたら何か自分にしてあげられることはないかと考えるかもしれません**。

そうすれば、親切にしてもらった友達は困った時に手を差し伸べてくれるでしょう。こうして子供は協力し合える人がいることを、自然に覚えていきます。そのための第一歩となるきっかけを、親は見逃さず上手に導いてあげましょう。

募金活動は大切な学びの場

6歳のナオくんは、お母さんと買い物に行った駅前で「よろしくお願いしまーす」と大きな声を出している人たちを見ました。四角い箱を持っていて、時々人が寄ってきます。

「あの人たち、何しているの？」とお母さんに聞くと、「募金よ」と答えてくれました。

「交通事故でお父さんやお母さんがいなくなってしまった子供が大勢いるのね。そういう子たちはお金がなくて学校に行けないことがあるから、学校に行けるように助けようと、ああやってお金を集めているのよ」

　自分と同じような子供にお父さんやお母さんがいなくなったらと考えただけで、ナオくんは悲しくなりました。

「かわいそうだね。ママは絶対に交通事故に遭わないでね」

「ママは大丈夫、気をつけているから。ナオくんこそ、道路に飛び出したりしちゃダメよ。でも、もしママやパパに何かあっても、こうやってお金を集めて助けてあげようという人がいるんだよ」


街頭やテレビでやっている募金活動に子供が興味を示したら、できるだけわかりやすく募金の仕組みを説明してあげましょう。

そして、世の中には困っている人を助けようとする人がいることや、そういう仕組みがたくさんあるのだということを教えてあげてください。

「ナオくんは今、パパもママもいるから助けてもらわなくてもいいよね。じゃあ、助ける人になろうか」

そういって、ママはナオくんに50円玉を一枚渡しました。

ナオくんがお姉さんの持っている箱の中に50円玉を入れると、チャリンと音がしました。箱の中には他の人が入れたお金がたくさん入っているようでした。

「ありがとうね」とお姉さんに言われ、頭を撫でられると、ナオくんはちょっぴり恥ずかしいけれど、嬉しい気持ちになりました。

募金活動に参加することは、仲間づくりとは直接関係はありません。けれど、子供はその体験を通して、**人はひとりでは生きられない、みんなで協力しないといけないのだということを子供なりに感じる**ことでしょう。

ただし、最近は募金を装った詐欺も増えています。少し成長したら、そういう悪い人も世の中にはいるのだということも教えておくことが必要かもしれません。

5

生き残れるかは「備え」で決まる

「備える」習慣を
身につけさせるために

人生の浮き沈みを乗り越える、唯一の方法

長い人生ではいろいろな事が起きます。

特にみなさんのお子さんたちが生きる時代は、今の何倍も早い速度で世の中が進んでいきますから、アップダウンも激しくなります。

景気が良ければボーナスもたくさん出るかもしれませんが、毎日頑張って働いても不況になれば給料が減る。しかも不況にならなくても、会社の経営方針次第で給料は上がったり下がったりする。

人生にも同じようなことが言えて、「良い時」もあれば「悪い時」もある。

これは自分のせいではありません。世の中とはそういうもので、どんなに努力してもダメな時は努力が空回りしてしまうものです。

だからといって、諦めてはいけません。人生はアップダウンするものですが、この「良い時」と「悪い時」の差を縮めておけば、ある程度まで努力でカバーできます。**お金も人生も同じで「良い時」も「悪い時」もありますが、「良い時」をどう過ごすかで、「悪い時」に受けるダメージを減らすことができる**のです。

ですから、**子供に一生お金に困る生活をさせたくないと思ったら、「良い時」に「悪い時」が来ることを想定して「備える」ということを教えておきましょう。**

「厄年」が教えてくれること

不幸が続くと絶望的になりますが、それでも最大限の努力を惜しんではいけません。給料が下がったら、家計を縮小して出て行くお金を減らす。そして、出て行くお金を減らしながら、そのいっぽうで収入を増やす方法はないか考える。

ところが、そうやってピンチを切り抜けて状況が好転すると、苦しかった時のことをコロリと忘れてしまう人がなんと多いことでしょう。

「厄年」というものがあります。

男は25歳、42歳、61歳。女は19歳、33歳、37歳、61歳に悪いことが重なるといいます。

「厄年」前後が、「前厄」「後厄」で、やはり用心しなくてはならない年だと言われています。

実は「厄年」というのは西洋にもあります。

西洋では占星術の中に、「厄年」にあたる「サターンリターン」というものがあります。「悪魔が帰ってくる」と言うのですから、いかにも「厄年」っぽい。ただし、年齢は29歳から30歳の1年間になります。

なぜ、日本と西洋で「厄年」の年齢が違うのかといえば、実は、多くの人が恐れる日本の「厄年」は、意外にいい加減でほとんどその根拠がないものだからです。

「厄年」という概念は、仏教にも神道にもありません。「厄年」のルーツは、平安時代に都がさまざまな「厄」に見舞われた時に活躍した陰陽道が始まりといわれています。民間信仰で仏教でも神道でもないのですが、お寺や神社は「厄払い」をビジネスにしてお金を取っているのですから、お釈迦様も八百万《やおよろず》の神も苦笑していることでしょう。

ではなぜ「厄年」があるのかといえば、人生には、「良い時」も「悪い時」もあるので、**「良い時」は浮かれずに「悪い時」のために備えておこう**ということでしょう。

ただし、根拠がないと書きましたが、江戸時代には平均寿命が短く、多くの人がせいぜい50歳くらいまでしか生きられなかったため、42歳くらいになると衰えを感じる人が多かったらしく、だから気をつけようという意味もあったようです。

ピンチは必ず来るが、備えることもできる

「厄年」というのはあまりあてにはなりませんが、「不況」はこれまで、世界的にほぼ10年に一度のサイクルでやってきています。

１９７１年のアメリカのドルに対する円の切り上げ（ニクソン・ショック）に第１次オイルショックが重なり、経済が奈落の底に突き落とされました。

やっとその「不況」の底から這い上がって来たと思ったら、1978年から82年には第2次オイルショックが起きました。

その後、景気は再び持ち直しましたが、過熱しすぎて日本では1990年にはバブル崩壊が起きました。

2000年にはITバブルが崩壊し、2008年にはリーマンショックが起き、2020年には新型コロナ不況に突入しています。

こうしてみると、ほぼ10年周期で「不況」になっていますから、新型コロナがワクチンで制圧されても、また2030年あたりに世界を揺るがす「不況」が来そうです。

「不況」のたびに、私たちの生活は脅かされてきましたが、こうした、**頻繁に起きる危機も、あらかじめ備えておけば短期間で乗り越えられる可能性があります。**

最近起きた、大きな災害である新型コロナ禍がその良い例です。

新型コロナ撲滅の決め手は、ワクチン。通常ならその開発には、10年以上かかると言われています。ところが今回は欧米で、わずか11ヶ月という驚異的なスピードで実用化までこぎつけました。

なぜそんなに早くワクチンができたのかといえば、さまざまな事態を予想し、遺伝物質をワクチンなどに活用する技術を積み上げていて、それがすぐに応用できたからです。

しかも行政が臨時的措置として、できた薬の安全性を確認する治験が早まるように対処しました。また、いざという時の危機対応のために、法律をあらかじめつくっていました。人々の命を重視して、審査までの時間を短縮したことも大きかった。ライバル同士の企業も手を組み、政府も医療関係者も企業も、一丸となって成果をあげたのです。

残念なのは、日本がこうした取り組みのカヤの外にいて、「ワクチン後進国」のレッテルを貼られてしまったこと。

日本は、本来なら平時に蓄積しておかなくてはならない研究開発をおろそかにしてその予算をカットし、ほとんど準備をしていませんでした。

しかも、企業と行政の連携が取れず、スピード感がなく、無駄なところにばかりお金を使っていました。

欧米や中国が一丸となってワクチン開発をしている時に、260億円もの税金を使って無駄なマスクを配っていたのですから、どうしようもない。

結果、日本人の大部分が打てるだけのワクチンが来るのは、欧米の人があらかたワクチンを打ち終わり、ワクチンが余り始める2021年9月以降ということになりました。

国はあてにならないと肝に銘じる

コロナ禍は、いざという時のためにあらかじめ準備していた欧米と、なんの準備もせずに行き当たりばったりの政策で混乱し続けた日本の明暗を浮かび上がらせました。

日本は政策の失敗で、戦後最大の震災と言われた東日本大震災の死者1万5899人（2021年3月時点）に迫る、1万5079人（2021年7月21日現在）という多数の死者を出すことになったのです。


新型コロナ禍で、多くの企業が売上を落としましたが、それでも思いのほか倒産する企業が少なかったのは、バブル崩壊以来、多くの企業がバブルを教訓にし、不良債権という借金を減らして、内部留保という現金を増やし「不況」に備えてきたからです。2

０１９年度時点で日本企業の内部留保額（利益剰余金）は約４７５兆円（金融業・保険業を除く）と過去最高でした（財務省「法人企業統計調査」）。

いっぽう、家計は新型コロナ禍で危機感が増して貯蓄率は上がりましたが、みんながいざという時に備えていたかといえばそうでもなく、給料ダウンや職を失って路頭に迷う人も多く出ました。

新型コロナ禍というのは災害なのですから、本来ならば国が手を差し伸べなくてはいけないのですが、対策が後手後手となり、多くの人が悲劇に見舞われました。

今回のコロナ禍を通して、「**国はあてにならにない。自分の身は自分で守らなくてはならない**」と強く感じた方も多かったのではないでしょうか。

それこそ、これからの子供にはしっかりと教えていかなくてはならないことです。

CASE STUDY

「備える」大切さをどう教える？

10歳の健斗くんは、毎月1日に500円のお小遣いをもらっています。でも、塾の帰りに友達とコンビニに寄ってお菓子やジュースを買うと、あっという間にお小遣いはなくなってしまいます。

本当は値上げして欲しいのですが、お母さんは絶対に「いいよ」とは言ってくれません。それだけでなく、こんなことを言いだしました。

「500円をどうやって使ったら、30日まで持つと思う？」

お小遣いが足りないと思っている子供にいきなり貯金をさせようとしても、「そんなの無理」と言われてしまうだけ。まずは、決まった額をやりくりすることから教え始めましょう。

「健斗は、どんな時にお小遣いを使うの？」と聞くと、健斗くんが答えました。

「だいたいは、塾に行った帰り」

「塾には月に何回行っている？」

「毎週水曜日だから、月に4回くらい」

「だったら、500円を4回で使うなら、1回いくら使えるの」

健斗くんは学校で割り算を習ったばかり。それを使って計算しました。

「1回、125円」

「なら、塾の帰りにコンビニに寄っても、使うお金は125円以内にしておけば、お小遣いは足りなくならないね」

それから健斗くんは、コンビニに行くと、今までは飲みたいものを買っていたのですが、125円以内で買えるものを探すことにしました。今まで買っていたピーチオ・レだと500mLで138円だけれど、ゆずれもんなら500mLで100円なので、ゆずれもんを買うことにしました。そして、ゆずれもんを4回買った月は、100円余りました。

「すごい健斗、その100円は貯金しておいたらどう？」

そう言って、お母さんが貯金箱をくれました。100円ショップで買ってきた、可愛い貯金箱です。

その貯金箱に、健斗くんは手元に残った小遣いの100円を入れました。

「そこにお金を貯めておけば、お母さんにお小遣いをねだらなくても、いつでもジュースが買えて安心だね」

とお母さんが言うと、健斗くんは嬉しそうに貯金箱を振って、中からする音を確かめました。

もらったお金の中から貯金をするのは大人でも難しいものです。まして子供だと、まだ貯金という概念もないでしょう。

ただ、**自分なりに使ってもいい額に一定のルールを設定できれば、残りは貯金にまわせます。**

貯金をするということは、いざという時に備えるということ。**小さな備えの一歩を子供の時に教えてあげましょう。**

貯金しておいてよかった！　という体験はすごく大きい

9歳の真紀ちゃんは、最近お化粧したくてしょうがありません。先日もお母さんの化粧台にあった口紅を塗って、叱られたばかりです。

なぜ、こんなにお化粧に興味を持ったのかといえば、友達の優香ちゃんの家に遊びに行った時におばあちゃんが買ってくれたという「お化粧セット」を見せてもらったからです。

ピンクの口紅とキラキラしたアイシャドーをつけてもらうと、なんだか大人になった気分です。特に気に入ったのが、マニキュア。指先がピカッと綺麗に輝いて、自分がお姫様になったような気がしてうっとりしてしまいました。

でもお母さんは、真紀ちゃんが優香ちゃんの家からマニキュアをつけたまま戻ってくると、「ちゃんと取りましょうね。学校に行ったら恥ずかしいから」と言ってコットンに除光液をつけて取ってしまいました。

優香ちゃんの持っているような「お化粧セット」が欲しい真紀ちゃんは、「お誕生日プレゼントにお化粧セットを買って欲しい」とお父さんに言いましたが、「そんなの、真紀にははまだ早いよ」と却下されました。

それでも欲しい真紀ちゃんは、お母さんに「自分のお小遣いで買うならいい？」と尋ねました。

その晩、お父さんとお母さんは話し合いました。

「9歳の子供には『お化粧セット』は早いと思うけれど、自分の貯金で買うならいいんじゃないか。貯金というのは欲しいものを買う時のために貯めてるお金だから、貯めてよかったと思わせた方が、また貯めようと思うんじゃないか」

子供の貯金は、基本的には子供が自由に使えるものです。

親として与えたくないものを子供が買おうとするのには抵抗があるかもしれませんが、ある程度の許容範囲内にあるものなら、子供に任せた方がいいかもしれません。

親が買ってくれないものでも、**貯金していれば手に入るという実感は、子供の金銭感覚を育てます。**

親にとやかく言われずに、自分の欲しいものが手に入れられるというのは、子供には良い経験になるでしょう。

真紀ちゃんのピンクの爪を見るたびに、お母さんは複雑な気持ちになりますが、それ以来、真紀ちゃんが欲しいもののためにお金を貯めることを覚えたので、貯金の習慣が根付いたことは嬉しく思っています。

親が率先して「いざ」に備えよう

夕食後、テレビを見ていた7歳の恵美ちゃんはお父さんにこんなことを聞きました。

「お父さん、あの人たち、お家なくなっちゃったの？」

それは、東日本大震災で家を失った人たちの映像でした。

お父さんが答えました。

「少し前に東北ですごい地震があって、家が潰れたり、大きな波にさらわれてしまったりしたことがあったんだよ。家がなくなった人がたくさんいて、避難所っていうところで暮らさなくちゃならなくなったんだ」

恵美ちゃんが、不安げに聞きました。

「お父さん、地震って怖いね。恵美の家もなくなっちゃうかもしれないの？」

お父さんは、恵美ちゃんをあまり怖がらせてはいけないと思い、

「この家は大丈夫だよ。マンションだからね。でも、日本は地震が多い国だから、いつ来るかわからないし、そういう時にはみんなで逃げる準備をしておかないといけない。いざという時のためにね」


数日後、お父さんが防災袋を買ってきました。興味津々で袋の中をのぞいた恵美ちゃんは、

「すごい、いろんなものが入っているね」

「そうだよ、缶詰もあるだろう。水もあるだろう。懐中電灯もあるから、夜でも大丈夫だね。こういうものが一つの袋に入っていたら、いざという時にこれを持って逃げればいいからね。それと、電池とスマホ。これは忘れちゃいけないね。これがあれば電話もできるからね」

「わあっ、これだけあれば大丈夫だね」

「大丈夫かどうかはわからないけれど、何があるかわからないから、その時のための備えはちゃんとしておかないとね」

お父さんは、地震だけでなく、噴火や豪雨、竜巻など、いろいろなことが起きるという話を恵美ちゃんにしました。

「でも、何が起きてもこうやってしっかり準備しておけば安心だね」

子供には、いざという時に備えて「準備する」ということをしっかり教えましょう。

6

「比べない力」こそ無敵

▼
▼
▼

努力を褒めて、
自分に自信が持てる子供に

「他人と比べない」の本当に意味するところ

「青い鳥」という童話があります。

チルチルとミチルという主人公たちが「青い鳥」を求めてさまざまなところを旅する物語ですが、本物の「青い鳥」は見つからず、落胆して家に帰ってくると、我が家の鳥かごの中に本物の「青い鳥」がいたという物語です。

この物語は、「**本当の幸せは身近なところにある**」ということを教訓としています。

「青い鳥症候群」という言葉があります。

「青い鳥」を探し続けるチルチルとミチルのように、現実に目を向けず、「もっといい仕事があるはず」と常に転職が頭を離れなかったり、「もっといい人がいるはず」とすでに付き合っている相手がいるのに他の誰かとの出会いを求めて合コンを繰り返し、そのためにいつも心が満たされないような人たちのことです。

より良いものを求めることは「向上心」があるということですから、悪いことではありません。

けれど、現実に立った「向上心」でないと「高望み」となって「劣等感」を生みやすい。満足を感じられない飢餓感と充足できない苦痛の中で、結局は自分自身を不幸にしてしまいかねません。

なぜ、他人がうらやましいのか

「隣の芝生は青い」と言います。同じ芝生でも、自分の家の芝生よりも隣の家の芝生の方が青々と茂っているように見えるということですが、これは実際に隣の家の「芝生」が自分の家の「芝生」よりも青いのではなく、自分の家の「芝生」がつまらないものに見える心理の裏返しでしょう。

もし、自分の家の「芝生」に丹精込めて毎日水やりをし、余計な草を刈っていたら、他人の家の「芝生」よりも、自分の家の「芝生」の方が綺麗に見えるはずです。

その努力もせず、他人の家の「芝生」をうらやましがるというのは、どこかに「青い鳥」がいると考える人と同じです。

老子の言葉に、「足るを知るものは富み、強《つと》めて行うものは志有り」があります。これは、**満足することを知っている人間は本当に豊かな人で、努力を続けている人は、それだけですでに目的を果たしている**という意味です。

つまり、**満足しながら、それでも努力を惜しまない人は、本当の幸せを摑める**ということです。

いっぽうで、「足るを知らないことほど不幸なことはない（禍は足るを知らざるより大なるはなし）」とも言っています。何を手に入れても満足できない人は、それこそ悲惨な禍の中にあるということです。

「青い鳥」を探しているうちは、人は満たされない心を抱き続けなくてはなりません。なぜなら、「どこかに青い鳥がいる」と思っていると、自分の足元が見えなくなるからです。

大切なのは、自分の足元をしっかりと見て、自分自身に価値があることを感じ、信じて、満足しながらも努力できることです。

今いる場所を見つめる大切さ

女性ファッション誌で「読者モデル」という企画が大人気だったことがありました。「読者モデル」とはその雑誌の読者ですが、そこに登場してくる女性はセレブでエレガントで夫がお金持ちで優しく、子供はみんな優秀で可愛い。広い庭がある一戸建てに住み、大型犬を飼っている。料理が上手で、友人も多くて、家でパーティーなども開き、カジュアルな服もドレスタイプの服もよく似合う。持ち物は高価なものだけではないけれどセンスは抜群にいい。もちろん、寝る前にスキンケアなども怠らない。

こうした「読者モデル」と言われる女性の特集が大人気だったのは、それに憧れる女性が多かったからです。編集部で聞くと、「私も彼女のようになりたい」という読者からの投書などが多く、本の売上を支えるポイントだと言っていました。

ある精神科病院で取材をしていた時、ふと見ると、近くで診察の順番を待っていた女性が食い入るようにこの「読者モデル」の記事を読んでいました。手を震わせながら雑誌に見入るその姿があまりに真剣だったので、彼女に付きそっていた人に聞くと、彼女は「不眠症」「うつ病」「ストレス障害」を抱えていて、さまざまなことがうまくいかず、社会的にも適応できず、不幸と孤独の中で苦しんでいるのだそうです。

その彼女にとって、完璧なまでに幸せな雑誌の「読者モデル」は、現実にはいない青い鳥なのでしょう。

こうした病気の克服法を医師に聞くと、「うつ病は病気ですから基本は薬での治療が大切ですが、メンタルな面では、**カウンセリングで『理想』と『現実』の差に気づかせていくことも大切です。『現実』を見て、自分がいる場所を確認したうえで自分の長所を見つけて自信を取り戻さないと、治るのは難しい**」とおっしゃっていました。

「人は人、自分は自分」と思うのは難しい

「人は人、自分は自分」という価値観は、言葉では簡単ですが、いざ持とうとすると、

かなり大変です。なぜなら、他者がいる以上、どうしてもその他者と比べてしまうからです。特に大人になって社会に出ると、仕事のできる人できない人、お金が稼げる人稼げない人、モテる人モテない人など、常にいろいろな比較にさらされます。

いけないのは比較して他人より評価が低いことではなく、その中で劣等感を感じ、諦め、やる気をなくして、自分が無意味な人間のように感じて深く傷つくことでしょう。

もしそこで、**「人は人、自分は自分」と考えられれば、かなり楽になる**のではないでしょうか。

最近は子供を人と比べないことが大切だと言われています。

小学校の運動会のかけっこではゴールに走りこんだ順に順位をつけることがなくなりました。テストの点数で一番だった子供を先生が褒めることもなくなりました、けれど、本当にそれが子供の成長に良いことなのかといえば、そうではないでしょう。

新卒で会社に入社した人の3割が3年以内に辞めていくそうですが、その中にはそれまで競争にさらされずに生きてきたのに、いきなり会社で順位をつけられ、低い順位に劣等感を抱いて自信を失い、辞めていく人も少なくないといいます。

学校では順位をつけられなくても、社会に出れば当然のように順位がつけられ、勝ち負けにさらされることになります。こうした中で**大切なのは、順位をつけないことではなく、そんなことで折れない心を持っていること**でしょう。

かけっこが一番でなくても数学では一番、絵を描くことでは一番、人を笑わせることでは一番、大食いでは一番という、その子供なりの一番を見つけることでしょう。自分が勝負できるところで一番になるために努力できれば、自己肯定でき、自信も生まれます。

良い教育とは、さまざまな分野で子供が一番になることを先生が見つけ出して、褒めて伸ばしてあげることではないかと私は思いますが、多人数クラスで多くのカリキュラムを押し付けられる今の学校教育では、先生にもそんなゆとりがないのが現実です。

ですから、それができるのは親だけ。**親が子供の頑張りと成長を言葉にして褒めてあげれば、子供は「人は人、自分は自分」という自己肯定感を持てるようになり、「青い鳥」ばかり探さなくなるでしょう。**

CASE STUDY

努力を褒めれば、子供は自分に自信を持てる

「同じ塾に通わせているのに、なぜ達也くんのようないい点をとれないの」

言ってはいけないと思いながら、ついつい口に出してしまったのは、英樹くんが算数で35点をとってきたからでした。

なんだか、子供が落ちこぼれのような気がしたからです。けれど英樹くんは、お母さんの心配などどこ吹く風で、テレビばかり見てはお笑い芸人の真似をしています。

保護者会でほかのお母さんから「英樹くんって人気者ですね。うちの子が、フワちゃんそっくりって笑い転げてました」とか「面白いわぁ、将来、芸人さんになるかもね」などと言われると、お母さんは恥ずかしくて穴があったら入りたい気持ちになります。

勉強もせずにテレビばかり見ているので叱ると、自室に行くのですが、勉強するどこ

ろかパソコンでYouTubeのお笑いを見ている。それを父親に話すと、「いいじゃないか、子供のうちは、やりたいようにやらせておけよ。そのうち英樹も必要に迫られれば勉強するようになるだろう」と笑っています。

お母さんは、あなたは呑気だから会社でも出世できないのよと言いたいところをぐっと抑え、ひとりで鬱々とした気持ちになっていました。

そんなある日、隣のクラスの優等生の達也くんが転校したと親しい母親から聞きました。成績が落ちたのでどうしたのかと親が達也くんに聞いたところ、暴力をふるわれたわけではないけれど、クラス全員に無視され、孤立して勉強が手に付かなくなったとのこと。それを聞いた親が急いで転校の手続きをしたのでした。今のいじめはあからさまな暴力ではなく、クラス全員で無視するなど、傍目《はため》からはわからない陰湿なものになっています。

それを聞いたお母さんが「あなたは大丈夫？」と聞くと、「大丈夫、オレ、クラスの人気者だから」と、英樹くんはぺろっと舌を出しました。

まず、ありのままの子供を認めてあげよう

「○○ちゃんは、もうつかまり立ちしているのに、なんでうちの子はできないの？」

「○○ちゃんは、もう喋り始めているのに、なんでうちの子は喋れないの？」

「お兄ちゃんは、小学校に入る前に文字が読めたのに、なんでこの子は読めないの？」

そんな比較をついついしたくなる親御さんの気持ちはよくわかります。英樹くんのお母さんもそうでした。

「この子、つかまり立ちできないなんて、なにかおかしなところがあるんじゃない？」

でも、お父さんは「俺だって遅かったぞ。あいつは大器晩成型なんだよ」と気にもしていないようでした。


幼稚園の頃、英樹くんはよくお父さんとテレビで『クレヨンしんちゃん』を見ていました。英樹くんがしんちゃんのマネをして「シロも、ユリコ（英樹くんの母親の名前）も父ちゃんも、みんな家族だぁ〜」と言うと、お父さんも「シロも、ヒデキも、ユリコ

も、みんな家族だぁ〜」と言ってはどちらが似ているかを争い、笑い転げていました。

そのうち、英樹くんの方がいろいろなモノマネがお父さんよりもうまくなり、仕事から疲れて帰ってきたお父さんの楽しみは、ビールを飲みながら英樹くんのモノマネを見て笑い転げることになりました。


「もしかしたら、英樹は、芸人で成功するかもしれないな」

そんなお父さんの言葉を聞いて、お母さんは「冗談じゃないわ。芸人なんて生活が不安定なんだから、絶対にダメよ、絶対！」と言いました。安定した仕事に就かないと、幸せになれないと思ったからです。

けれど、優等生の達也くんが学校でいじめに遭っていたと聞いて、お母さんの考えが変わりました。

兄と違って英樹くんは難産の末に生まれました。生まれた時もなかなか産声を上げずに、病院の先生たちを慌てさせました。

その時、お母さんが祈ったのは、何はなくてもとにかく健康で無事に生まれてほしいということだけでした。

「あの子は無事に生まれて、学校でもいじめられることなく、すくすくと育っている。少し勉強は苦手だけれど、それでも元気なんだから、これ以上望む必要はないのかもしれないな」

「元気で育ってくれたのだから充分」と思った途端、お母さんは気持ちが軽くなった気がしました。

子供の頑張りをもっともっと褒める

翔子ちゃんが、学校で描いた絵をお母さんに見せました。

「まあ、翔ちゃん、絵が上手く描けるようになったね」

お母さんは、翔子ちゃんの頭を撫でてあげました。

「でもね、佑ちゃんの方がずっと上手くて、いつも先生に褒められるんだよ」

ちょっと不満げに翔子ちゃんがいうと、お母さんが言いました。

「先生は、佑ちゃんの絵が好きなのかもしれないけど、お母さんは翔ちゃんの絵が好き。だってほら、この花の色がとても可愛いもの。葉っぱと花のバランスもいいよね。前はこんなに細かく描けなかったものね。どんどん上手くなってるよ」

そう言うと、お母さんは翔子ちゃんをギュッと抱きしめました。

「佑ちゃんは佑ちゃん、翔子は翔子。お母さんは、翔子の絵が大好きだよ」

お母さんの言葉を聞いて、翔子ちゃんの顔がパッと明るくなりました。


お母さんに褒められたことが嬉しかったのです。

それから、翔子ちゃんは佑ちゃんの絵のことをあまり言わなくなりました。

今でも佑ちゃんよりももっといい絵を描こうと頑張ってはいますが、**一生懸命に描いた絵をお母さんが褒めてくれるので、工夫しながら絵を描くこと自体がとても好きになり、以前ほど佑ちゃんのことが気にならなくなりました。**

翔子ちゃんが熱心になったのは、絵だけではありません。苦手だった算数を頑張るようになったのです。

算数の点数がよくない時にはよくない点数の答案用紙を見られたくないので隠していたのですが、ある日、部屋の掃除の時にお母さんがそれを見つけ、お父さんに見せました。

なんと言われるのかとドキドキしていたら、お父さんは「隠すことはないよ。**翔子が頑張ってとった点数なんだから、よくなくても次に頑張ればいい**。大切なのは翔子が頑張ったということだよ」。

どんな点数を取ってきても、お父さんは「翔子、頑張ったね」と言ってくれます。だから、頑張ろうと毎日算数をやっているうちに、だんだん良い点数が取れるようになりました。

どんなことでもいいのです、今の子供の成長を、褒めてあげましょう。そして、自分は大丈夫という自信を持てるようにしてあげましょう。

大人の社会は他人との競争の連続です。そこで勝ち続けられる人はほんの一握り。一度勝ったとしても、次からも勝たなくてはいけないという重圧が重くのしかかります。しかも、ほとんどの人は途中で脱落していきます。

そんな中で成長し続け、心が折れずに何度も戦い続けていくためには、**競争相手は他人ではなく、自分**でなくてはいけません。**自分との競争は成長につながり、進歩しているという自信につながります。**

長い人生には、他人との競争で勝つこともあれば負けることもある。

ただ、勝った人をうらやむのではなく、**努力した自分を自分で評価できることが大切。**

一生懸命努力した結果なら、たとえ負けても、自分はできる、自分は大丈夫という自信に支えられ、次につなげていくことができます。


他人をうらやまず、妬《ねた》まず、どんな時も安心して前へ進むことができるという揺るぎなさがあれば、その自信は自己肯定につながり、自己肯定のできる子供は、現実から逃避することなく現実の自分を見て、そこに幸せを見出していけるでしょう。

7

「信用」「信頼」は大きな財産

▼
▼
▼

日頃の行動だけが
「信頼」を生み出せる

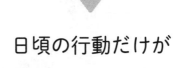

「信用」と「信頼」の大切さ

「1円玉と1万円札、どっちの価値が高いでしょう」と聞くと、「バカなことを聞くんじゃない、1万円札に決まっている」と100人中100人が答えるでしょう。

1円玉では何も買うことができませんが、1万円札で100円ショップで買い物をすると100個の商品が買えますから、商品がカゴからあふれます。

ですから、1万円札の方が価値があるというのはその通りです。

では、ちょっと視点を変えて質問します。

「**1円玉と1万円札のコストを比べると、どっちが高いでしょう**」

こう聞くと、考え込む人が多いでしょう。なぜなら、1万円には1万円の価値があり、1円には1円の価値しかないので、「コスト」など考えたこともないからです。

実は、1万円札をつくるのにかかるコストは25・5円。いっぽう、1円玉は1・8円です。

つまり、1万円札1枚をつくるコストと、1円玉14枚をつくるコストはほぼ同じ。でも、1万円札は財布に入っていれば嬉しいけれど、1円玉が財布の中に14枚あっても、1万円札ほど嬉しくはないでしょう。

それは、なぜでしょうか。

答えは、**1万円札は1円玉よりも、信用力が高い**からです。

1万円札は日銀が発行していて、日本銀行法第46条2項には「日本銀行が発行する銀行券は、法貨として無制限に通用する」と定められています。

法貨とは国の強制力があるお金で、1円玉はつくるのに1円以上のコストがかかっていても1円の価値しかなく、1万円は25・5円でつくれても1万円の価値があると定められているのです。国が「これだけの価値があります」と定めているものなので、みんな国を「信用」し、価値あるものとして取引に使っているのです。

つまり、1万円札に1万円の価値があるのは、日本という国への「信用」があるからなのです。

ビジネスで最も大切な「信用」

では、国の「信用」が失墜し、法貨の価値が失われてしまったらどうなるでしょう。アフリカ南部にジンバブエという国があります。この国は政府の経済政策の失敗などで1万％を超えるハイパーインフレに見舞われ、貨幣の価値が暴落しました。そして最終的には、100兆ジンバブエ・ドルが0・3円ほどの価値しかなくなって、ついに廃止されて使われなくなりました。

つまり、紙幣は国の「信用」が裏付けになっているので、国の「信用」が失墜したら、ただの紙くずになってしまうということです。

「信用」というものは、ものの売り買いをする商取引では最も大切なものです。なぜなら、過去の実績に裏打ちされた裏切られることのない評価だからです。

みなさんは住宅ローンを借りる時に、実際にはお金がないにもかかわらず、銀行から何千万円ものお金を借りられます。

もちろん、返せない時に担保になっている家を売却すればそれなりの金額になるとか、しっかりした保証人がついているとか、返済途中でお亡くなりになっても、生命保険で残りの住宅ローンが返済できるなど、貸した側が損をすることがない仕組みはありますが、それでも給料の何百倍ものお金が借りられるというのは凄いことです。

なぜ、給料の何百倍ものお金を貸してくれるのかといえば、堅実な会社に勤めていて、しっかり貯金もしていて、借金を返済する能力があることがわかっていて、銀行が「貸したお金を踏み倒すようなことはないだろう」と判断したからです。これが「信用」というものです。

ビジネスでは「信用」が最も大切ですが、実は人間が生きていくために、もっと大切なものが一つだけあります。

それは、「信頼」です。

「信頼」は未来への期待

一見すると、「信用」と「信頼」は、同じように思えますが、少し違います。

「信用」は、過去の実績への評価。ですから、「信用取引」と言えば、預金残高や保有資産、過去の取引の実績などの裏付けがあって行われます。

いっぽう**「信頼」とは、未来の行動に対しての期待**です。**多くの場合、相手との間に「信用」が生まれ、その先に「信頼」が芽生えます。**

「ホンダ」の名で親しまれている自動車メーカーの本田技研工業。戦後間もない1948年に、資本金100万円、従業員34人の浜松の町工場としてスタートしました。

4年後、この「ホンダ」が世界に打って出るために、4億5000万円もの外国製の最新鋭の工作機械の購入計画を決定しました。

当時は資本金600万円でしたが、そんな会社が4億5000万円もの借金をするなど狂気の沙汰と言われ、倒産の噂が流れました。1950年の公務員の初任給が約50

00円で今の約40分の1ですから、当時の4億5000万円は今の180億円。小さな町工場がこれだけの設備を購入してしまったのですから、倒産の噂が流れるのも当然でしょう。

倒産の噂が流れただけでなく、実際に「ホンダ」は資金繰りに行き詰まって、絶体絶命のピンチに立たされました。

この「ホンダ」の未曽有の危機を救ったのが、三菱銀行（現・三菱UFJ銀行）。

ホンダの社史「語り継ぎたいこと」には、当時のことがこう記されています。

「三菱銀行は、本田技研が存続する限り永久に忘れてはならない。とくに、一身を投げ打って自分の信ずるところを重役に積極的に説明し、周囲の困難があったにもかかわらず、終始一貫、所信を通し努力して下さった鈴木時太支店長の名を、みなさんは忘れないでほしい」

担保がなければ、1円のお金でも貸してくれないのが今の銀行。

けれど、**なぜ当時の三菱銀行の鈴木時太支店長が、倒産するかもしれない「ホンダ」に巨額な融資をしたのかといえば、本田宗一郎という経営者を「信頼」したからです。**

まず、普段の行動の積み重ねから

心理学者のアルフレッド・アドラーは、「信頼」で結ばれた人間関係を「交友の関係」と呼び、「交友しなくてはいけない理由が一つもないにもかかわらず、信頼できる関係を築けることは、幸福な人間関係を手に入れることだ」と言っています。

「信頼」とは、お互いに信じ、どんな状況であっても頼りあえる間柄のことですから、人間が一人では生きていけない以上、なくてはならないものでしょう。そして、**信頼関係を持てる相手がいるということは、人生にとっての大きな財産**です。

かつての三菱銀行が本田宗一郎に投資したように、「信頼」があれば、ピンチになった時に支えてくれる人もいるはずです。そうした人に囲まれた人生を子供には送らせてあげるべきでしょう。

特に、これからはSNSで多くの人と関わるチャンスが増える時代になり、人間関係も広く浅い方向に流れつつあります。

けれど、浅い付き合いだけでは、相手との「信頼」はなかなか培いにくい。「信頼」とは、相手と深く関わることで生まれ、それがあれば、どんな時にも自分は相手を守り、相手も自分を守ってくれます。

広い交友関係だけでなく、そうした深い人間関係が少しでもあれば、絶望せずに生きていく支えになることでしょう。

まずは「信頼」を築く一歩手前の「信用」について、子供のうちからしっかり教えておく。「信用」は、普段の行いの積み重ねで得られるものですから、教えることは難しくはない。

「信用」されなくなることがいかに怖いことかを、子供のうちから教えておく。それがあれば、その先の出会いの中で「信頼」が生まれてくることでしょう。

CASE STUDY

「信用」を得るのは大変だが、失うのは簡単

８歳の智香ちゃんは、夏休みにおばあちゃんの家で泊まることになっていました。出かける前の日に電話したら、おばあちゃんが「お昼ご飯はうちで食べる?」と聞きました。「智香がおばあちゃんの家でご飯を食べるなら、うどんを打っておくよ」。おばあちゃんのうどんが大好きな智香ちゃんは、「うん」と元気よく答えました。

おばあちゃんの家は電車を乗り継いで行かなくてはならないので、お昼に到着するためには、朝７時に家を出なくてはなりません。

「おばあちゃんの家は遠いから、お昼は途中で食べて、夕方までに行こうよ」とお母さんが言うと、智香ちゃんは「ダメ！　約束したんだから」と言います。

「だったら、今日は智香も早く寝なさい。朝６時には起きてね」

お母さんにそう言われて自分の部屋に行った智香ちゃんですが、つい好きなゲームに夢中になって、時計を見たら12時を過ぎていました。

翌日、6時にお母さんが起こしに来ましたが、夜更かしした智香ちゃんは眠くて起きられません。

「おばあちゃんと約束したでしょう。起きなさい」

「眠いよ～。やっぱり、もう少し寝てから行く」

「おばあちゃんは智香が来ると思って、お昼にうどんを用意しているよ」

「じゃあ、おばあちゃんに電話して、うどんいらないって言って」

「なに言ってるの！　智香が約束したんだから、ちゃんと守りなさい！」

お母さんの強い口調に驚いて、智香ちゃんは飛び起きました。

「つくったうどんがもったいないだけじゃなくて、楽しみに待っているおばあちゃんがかわいそうでしょう。もし、**智香がお昼までにおばあちゃんの家に行かなかったら、おばあちゃんは『智香は約束を破る子だ』と思うよ**。そう思われたら、次に智香が『うどんを食べたい』と言っても、『どうせ智香は約束を破る子だから、うどんをつくるのはやめておこう』って思うようになるかもしれないよ。それでもいいの？」

「ダメ！　智香、おばあちゃんのうどん大好きだもん」

そう言うと、智香ちゃんは布団から飛び出しました。


子供が両親や祖父母とした約束は、守れなくても笑って許してもらえることが多いものです。

けれど、いつまでも「いいよいいよ」で済ませていると、子供は約束の大切さを覚えることができません。**身近な人との約束であっても、きちんと守らなくてはいけないということを教えておかなくてはいけません。**

また、**約束を破ると、相手が悲しむだけでなく、自分に対しての「信用」も失われてしまう**ことをわかりやすく教えてあげましょう。

「もしお母さんが『アイスクリームを買ってきてあげる』って約束したのに買ってこなかったらがっかりするでしょう。そういうことが何度もあれば、『買ってきてあげる』と言われても、本当かなって疑うようになるでしょう。そうなったら、お母さんのことを『信用』しなくなっちゃうかもしれないね」

「信用」は、一度なくすとなかなか回復できないということを、身近な例を挙げて子供に教えてあげましょう。

小さなうちから、「約束を守ることの大切さ」と「『信用』されなくなることの怖さ」を繰り返して言い聞かせれば、子供は将来、「信用」される大人になろうとし、その「信用」が「信頼」になって、困った時には助けてくれる友人や知り合いを多く得られます。

モノを借りた時のルールは厳しすぎるくらいでいい

9歳の剛くんはマンガを読むのが大好きです。

同じクラスの圭ちゃんが「この前、面白いマンガを買ってもらった」と言っているのを聞いたら、それだけで読みたくてたまらなくなり、圭ちゃんに読み終わったら貸して欲しいとお願いしました。

1週間後、圭ちゃんが学校にマンガを持ってきました。

「汚さないでね！」「うん」

家に持ち帰り、手を洗い、お菓子を食べながら夢中でマンガを読み始めましたが、その姿を見てお母さんが「そのマンガ、どうしたの？」とたずねました。

「圭ちゃんに貸してもらったの」

「それじゃあ、お菓子を食べながら読んじゃダメよ。こぼして汚れちゃうでしょう。圭ちゃんの本なら、汚さないようにカバーをかけておきましょう」

お母さんは、包装紙をマンガ本のサイズに切り、外カバーをつけてくれました。剛くんはそこまでしなくてもいいと思ったのですが、お母さんは真剣です。

「大事にしていた本が汚れて戻ってきたら、どう思う。次も貸してくれるかしら？」

剛くんは、しばらく考えていましたが、「嫌な気がして、貸さないかもしれない」。

他人のものを借りる時には、一度のうっかりミスがその後の人間関係の大きな亀裂に発展してしまうことが往々にしてあります。

借りたものの扱いは、丁寧すぎるくらいでちょうどいい。それをお母さんは実践してみせたのです。


モノの貸し借りも、お金の貸し借りも同じ。借りた側が注意を払い、モノなら借りた時の状況に戻し、お金なら借りた金額にいくばくかの利息をつけて返さないと、「信用」を失います。

子供には、モノを借りたら返す時まで大切に扱うこと、お金を借りたら約束の期限までに必ず返すことを教えましょう。モノもお金も、借りた側よりも貸した側の方が気にするもの。それがわかれば、モノやお金を貸りた時には注意するはずです。

友達を「信じる」心を褒めてあげよう

8歳の理恵ちゃんの家に、同じクラスの玲香ちゃんが遊びに来ました。

理恵ちゃんが自慢のおもちゃを玲香ちゃんに見せてあげると、その中のおもちゃの編み機に玲香ちゃんが夢中になりました。

それで二人でマフラーを編んだのですが、遊ぶ時間が限られているので、なかなか首に巻く長さにはなりませんでした。

「明日返すから、これ、貸してくれない？」

玲香ちゃんにそう言われ、理恵ちゃんはちょっと考えました。明日までに自分は使わ

ないけれど、お気に入りのおもちゃなので貸したくないと思ったのです。

でも、本当に借りたそうな玲香ちゃんを見ると、「イヤ」とは言えなくなりました。

「じゃあ、明日、返してね」

そう言って、玲香ちゃんに編み機を貸してあげました。


それを持って嬉しそうに玲香ちゃんが帰っていったあとで、お母さんが理恵ちゃんの頭を撫でながら言いました。

「幼稚園の時には、理恵は絶対に自分の気に入ったおもちゃはほかの人に貸さなかったのに、**今日は玲香ちゃんに貸してあげて偉かったね**」

「でも、玲香ちゃん、壊したりしないかな」

「どうしてそう思うの？」

「だって、まちがっておとしちゃうかもしれないし」

「そうだね。だれかに自分のものを貸すと、いろんなことが心配になるよね。だから、本当に大切で貸したくないものや貸したくない人なら、『ごめんね』と言って貸すのを断ってもいいんだよ。でも、何でもかんでも全部貸してくれないようだと、どう思うかな?」

「ケチだと思われるかもしれない」

「そうね。理恵は、玲香ちゃんなら貸しても大切にしてくれると思った?」

「うん」

「だったら、心配だけど、玲香ちゃんを信じた方がいいかもね」


子供の性格にもよりますが、人にはモノを貸したがらない子供というのは意外と多いものです。

けれど、**少し成長して自分のことだけでなく他人のことも考えられるようになると、貸してあげてもいいという気持ちが芽生えます。**

それは、**子供が少し成長して、心も広くなったということなので、しっかりと褒めてあげましょう。**なぜなら、子供のうちに他人に対して広い心が持てるようになると、大人になって「信用」や「信頼」を得やすい人になれるからです。

8

こんなに怖い「借金」のトリック

学校では
教えてくれない「常識」

借金の怖すぎる仕組み、本当に理解できてる？

「借金」は人生を壊すかもしれません。**子供には「借金」の怖さをしっかりと教えておくべきでしょう。**そのためには、**まずあなたが借金の怖さを知っておくべきです。**

新型コロナ禍で働けない人の収入減につけ込む詐欺が増えています。

たとえば、**いま急増している「ツケ払い・後払い現金化」という手法。**

「ツケ払い・後払い現金化」とは、二束三文にしかならないような価値のないネットのアプリケーションなどを購入させ、その際に、利用者に代金の一部を「キャッシュバック」というかたちで振り込みます。アプリケーションの代金は「ツケ払い」になっていて、次の給料日に給料の中から全額を支払います。

たとえば、６万円の商品を給料日に払う「ツケ払い」で買って、キャッシュバックを

3万円受け取ります。そして給料日には、代金の6万円を支払うのです。

一見すると、商品を買ってその代金を支払い、キャッシュバックももらうという普通の商取引に見えますが、買う商品が二束三文にしかならないアプリケーションですから、これは商取引を〝隠れ蓑〟に使った悪徳金融にすぎません。

キャッシュバックで3万円をもらって、給料日に6万円を支払うのですから、3万円の借金に対する1カ月の利子が3万円ということで、これを年利に換算すると、なんと1200％の不当な貸付ということになります。

次々生まれる「トリック」に騙されない

「ツケ払い・後払い現金化」に似た手口で、**「給与ファクタリング」と呼ばれる悪徳金融も数年前には横行**しました。

仕組みは、給料日前にお金が足りずに業者から15万円を借りて、給料日に利息込みで20万円を返済するというもの。差額の5万円が利子ですから、この場合は年利換算すると400％の違法な貸付ということになります。

銀行にお金を預けても、０・００１％の金利しかつかないご時世なのに、お金を借りて４００％もの金利を払うなど、考えられないことです。

けれど、こうした違法な貸付に多くの人が手を出したのは、「会社から給料を前借りするのもみっともないし、でも大変なので、とりあえず業者から15万円を前借りさせてもらい、給料から返せればいい」と簡単に考えたからではないでしょうか。

これに対して、２０２０年に金融庁は「給与ファクタリングは貸金業にあたる」という見解を発表しました。貸金業なら、４００％の金利を取るというのは明らかに貸金業法違反の行為なので業者の摘発が相次ぎ、今は減っています。

ただ、これに代わって出てきているのが、「ツケ払い・後払い現金化」という手法です。

キャッシュバックと聞くと、なんだかおトク感を感じる方も少なくないのではないかと思います。けれど、そんな言葉に騙されてはいけません。悪徳業者は、返済できないと、勤め先や親戚に知らせるなどと脅しをかけ、痛烈な取り立てをするからです。

キャッシングの利息を計算してみる

法令を遵守した「悪徳」ではない借金でも、生活苦の中でお金を借りて返せずに、破綻に追い込まれていく人は増えています。

今はカードで手軽にお金を借りることができるので、少し困っても「キャッシングすればいいや」と思いがち。けれど、これも**場合によっては、とんでもなく高い利息を払うことに**なります。

たとえば、キャッシング枠が30万円の人が、金利18％で枠いっぱいに30万円のお金を借りたとします。リボ払いで元金を毎月1万円ずつ返していくと30回で返済は終わりますが、この間支払う金利は6万8778円。30万円借りただけなのに、払い終えるまでになんと約7万円の利息を支払わなくてはならないのです。

しかも、借り入れが1回で終わらない人も多い。リボ払いだと、返済しながらでも常に枠いっぱいのお金が借りられるからです。

前述の30万円を元金1万円ずつ1年返済すれば元金は12万円減ります。すると、返済したぶんの12万円分までは新たに借金ができますから、ここで12万円借りると、返済までの利息はさらに増え、返済し終わるまでに最終的に利息だけで11万2266円を返さなくてはならなくなります。

これだけで終わればいいですが、さらに**返済中にお金を借りると、利息もますます増えていくことになり、どんなに払ってもお金を払い終えない「万年借金」に陥ることに**なります。

住宅ローンの返済を考えてみる

こうした借金に比べ、「住宅ローン」はまだ健全だと思っている人は多いでしょう。けれど最もポピュラーな住宅ローンの「フラット35」などを借りている人を見ると、2019年時点で貸出し残高の1・53%が破綻または延滞しています。また、返済が困難になって貸出し条件を緩和してもらったものも含めると3・2%になります。

しかも、これは新型コロナが蔓延する前の数字。コロナ禍で収入が激減する人が増加していますから、**もっと多くの人が住宅ローン破綻をしていく**のではないかと思います。

破綻しないまでも、今は35年返済のローンを組む人が多いですが、マンションの購入年齢の7割以上が30代と40代。仮に35歳で住宅ローンを組んだら、返済が終了するのは70歳ということになります。

70歳でもバリバリに働いていられればいいですが、リタイアして年金暮らしなどになってしまったら、月々20万円前後の年金の中から住宅ローンを払っていくと、生活が成り立たなくなるのではないでしょうか。

もちろん、65歳でリタイアする時に、残りの住宅ローンを退職金で一括返済してしまうという方法もありますが、ただ、退職金は長い老後を過ごしていくための虎の子ですから、これを住宅ローンの返済で減らしてしまうと、老後に不安が残ります。

キャッシングの本質を見誤らない

日本で最初にクレジットカードを発行したのは丸井の青井忠雄氏で、１９６０年のことでした。

かつてインタビューした時に聞いた話では、以前はお金のない人がモノを買いたい時にしかたなく借金してその支払いを毎月返していくことを「月賦」と言い、丸井は「月賦屋」ということでイメージがよくなかったとのこと。

そこで、この「月賦」のイメージを払拭するにはどうすればいいのか、ずっと考えていたところ、アメリカに視察に行った時にクレジットカードというものを知って、「これを、我が社でも取り入れよう」と思ったのだそうです。

クレジットとは「信用」ということですから、「信用される人以外は持てないカード」ということで大々的に宣伝し、丸井はクレジットカードで見事に「月賦屋」のイメージを払拭したのです。


横文字になったことでイメージアップしたのは、「月賦」だけではありません。

ちょっとお金を借りることを「寸借り」といい、「あいつ、また寸借りかよ」と昔は白い目で見られましたが、これもキャッシングという横文字に置き換えられてからイメージアップしました。

ちなみに、キャッシングというのは銀行系クレジットカード業界がつくった和製英語。日本でしか通用しない言葉で、正しい英語で言えば、キャッシュアドバンス（現金前貸し）となるのだそうです。

「月賦」が「クレジット」という言葉に、「寸借り」が「キャッシング」という言葉に、「借金」が「ローン」という言葉に置き換わっただけで、なんだかお金を借りることに抵抗がなくなってしまったのは、不思議なことです。

けれど、**お金を借りたら返さなくてはいけない。**返せないと、恐ろしい結果になる可能性があることに変わりはありません。そのことを、子供にもしっかり教えておかなくてはいけません。

CASE STUDY

借金の怖さは身を以て学ばせる

6歳の直也くんは、チョコレートが大好物。幼稚園から帰ってくると、必ずお母さんに「チョコちょうだい」と一口大のチョコをもらいます。チョコは1日5個ずつもらえることになっているからです。

ある日直也くんは、チョコが5個ではちょっと物足りないらしく、「あと1個ちょうだい」とお母さんにねだりました。そんな時にはお母さんは、「今日の分はもうあげたでしょう。だからまた明日」と言うようにしています。決まった数だけしかもらえないということを教えたかったからです。

そんなある日、その日に限ってよっぽどチョコが欲しかったのか、直也くんがこんなことを言いました。

「明日の分を1個、今日ちょうだい。明日は4個でいいから」

そう言うのでお母さんは、チョコを1個余計にあげた次の日は、1個減らすことにしました。

ところが次の日に4個あげると、昨日1個増やしたのを忘れてしまったのか、また5個欲しがります。そこでお母さんはカレンダーに、その日にあげたチョコの数を●印で書くことにしました。そのカレンダーを見せながら、「ほら、昨日1個多くあげたから、今日は1個減らすよ」と説明しました。

それを見せられて納得したのか、直也くんは4個で我慢しました。

カレンダーに●印をつけていくのはいいのですが、しばらくすると、チョコが6個の日が何度か続きました。

「ナオちゃん、これだとチョコを1個も食べられない日がでてくるよ」

お母さんが言うと、「いいよ、その時は我慢するから」と、直也くん。

お母さんはちょっと悩みました。この子には、どんどん「前借り」をしてしまう悪い習慣がついてしまったのではないかと。

そこで、ルールを変えました。**チョコレートを「前借り」したら、そのぶんに利子をつけようと**考えたのです。

借りたものには「利息」がつく

「ナオちゃん、今日からお母さんも、チョコを5個ずつ食べることにしたの。5個ずつだから、二人で10個だね。もし、ナオちゃんが6個食べたら、お母さんは4個で我慢しなくちゃならない。だから、お母さんが我慢するぶん、次の日はお母さんがたくさん食べるよ。我慢したぶん、お母さんに1個多く返してね」

小学校に上がる前ですが、実際に目の前にチョコを置いて説明すると、直也くんも仕組みがわかったようでした。

10個のチョコを、直也くんが6個、お母さんが4個だと、次の日は、これまでのルールだと、お母さんが6個、直也くんが4個になります。

ただ、新しいルールでは、お母さんが我慢したのでそのぶんお母さんのチョコが1個増えて、お母さんが7個、直也くんが3個になります。

ルールがわかっていたはずの直也くんですが、これには大いに不満のようでした。

「今まで、6個の次の日は4個だったのに、なんで3個になっちゃうの？」

「お母さんだって5個食べたいのに、4個になっちゃうでしょう。だから、我慢するぶん次の日は1個多くもらえるから、6個ではなく7個になるの。10個のうち7個をお母さんがもらったら、直也は3個でしょう」

「えっ、なんで？　よくわかんない」

お母さんは、紙に書いて説明しました。

「今日、お母さんが1個ナオちゃんにあげるでしょう。それで、次の日に1個返してもらうから、これで6個になるけれど、ここでもう一つ『昨日は我慢してくれてありがとう』というお礼の1個をナオちゃんがお母さんにくれなくてはいけないから、それでお母さんは7個になるのよ」

なんとなく釈然としない面持ちの直也くんを見て、お母さんは言いました。

「今日5個にしておけば、明日も5個食べられるよ。どうする？」

「でも、やっぱり6個食べたい。だから、明日は3個でいい」

「じゃあ、明日はお母さんに2個返してね」

次の日、直也くんはしょんぼりしていました。好きなチョコレートが3個しかもらえないからです。

そこでお母さんが聞きました。

「昨日と今日で、ナオちゃんとお母さんのチョコがいくつずつになったか見てみようか」

紙に書いてみると、直也くんは昨日が6個で今日が3個なので合計9個。おかあさんは、昨日が4個で今日が7個なので合計11個。

「あれっ、お母さんの方が多い。ずるいよ！」

「ずるくないよ。お母さんは我慢して、ナオちゃんに自分のチョコを貸してあげたんだから、そのお礼に返してもらう時にチョコの数が多くなるんだよ。

大人になったら、チョコじゃなくて他人からお金を借りることもあるけれど、そういう時には必ず利息をつけて返さなければいけないの。そのぶん、自分のお金は減ってしまう。このチョコは、それと同じ。人から借りると、増えた気がして得した気持ちになるけど、実は自分の分は減ってるんだよ」

「わかんないよ、僕は子供なんだから」

「わからないかもしれないけど、これだけは覚えておいた方がいい。人から借りたものには、返す時にお礼をつけなくてはいけないの」


次の日のことでした。直也くんがお母さんに言いました。

「今日は、僕が母さんに、チョコを貸してあげる。僕が4個で、お母さんが6個ね。そのかわり、明日は僕に7個ちょうだい。これでいいんだよね」

直也くんは、貸して増やすということを覚えたようです。


幼い子供に「利息」ということを教えるのは、かなり大変です。けれど、なんらかの方法で、**人から借りたものは必ず返さなくてはいけないということと、借りたらお礼をつけて返さなくてはいけないということは、大人になる前にしっかりと教えておいた方がいい**でしょう。

そうしたことが身についていないと、欲望のままにお金を借りる、我慢ができない大人になってしまうかもしれません。そして、借りたお金が返せずに借金だらけの人生になると、子供は不幸になります。

借金をせずにやりくりする習慣をつけよう

子供がもう少し大きくなって、実際に「お金を貸して」と言ってきたら、返済利息を書き込んだ借用書を用意してサインさせ、借りたお金よりもたくさんのお金を返させることをしてみましょう。

その場合、返済は月々にもらえるお小遣いの中から、もらえる額を減らすという方法で行うといいでしょう。

それが頻繁に続くようなら、小遣いが借金で消えてしまうこともある。もらえるはずだった小遣いが、予想した以上に減ってしまったり、もらえなくなったりしたら、子供はお金を借りるということがどんなに損なのかがわかるし、安易に借りることの恐ろしさも理解するはずです。

たぶん大人になれば、誰もがさまざまなお金のトラブルに悩まされることでしょう。それは避けては通れないことかもしれません。

ただ、**自分の手元にあるもので何とか我慢してやりくりするという習慣が身についていれば、トラブルに遭ってもそれほど被害も大きくなく、乗り越えていくことができる**のではないでしょうか。

子供には、お金を借りなくては生活できないような大人ではなく、できれば、人に貸せるくらいの余裕を持てる大人になってほしいものです。

9

避けては通れない「投資」教育

必要なのはノウハウではない。
「仕組み」と「リスク」の
理解こそ必須

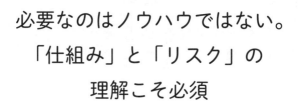

投資の基本はリスクの理解

「投資」をしないと、豊かな老後は迎えられないと思う人が増えています。

ただ、金融機関に勧められるがまま投資信託を買ったり外貨預金を預けたりしているというのは、実は「投資」ではなく、金融機関のカモになっているだけです。

私は「**投資などしない方がいい**」と言い続けていますが、それには大きく3つの理由があります。

①投資をしなくてはと思っている方の多くはサラリーマンで、真面目に働きさえすれば必ず給料が振り込まれるという、金銭面ではリスクのない生活をずっとしてきました。ですから、**リスクがどういうものなのか、よくわかっていない人が多い**。

②日本では、戦後ずっと貯蓄教育に力を入れてきて、投資教育はほとんどしてきませ

んでした。実際に学校で金銭教育らしきものが始まったのは10年ほど前。ですから、**ほとんどの方が金銭教育を受けずに大人になっていて、投資には疎い。**

③バブル崩壊後、日本ではずっとデフレという状況が続いていて、この先もデフレが続きそう。**デフレの中では現金・預貯金の価値が相対的に上がるので、あえてリスクを冒して「投資」する必要はない。「投資」する前に、住宅ローンなど借金の返済をした方がいい。**

ただ、これはみなさん親世代に対して言っていること。**子供世代となると話は別**です。

「儲け」に目を奪われるのはダメ

これから子供たちが生きていく時代には、大きなリスクが待ち構えているでしょう。リスクとは、将来のどこかで起きるかもしれない不確定なことで、それを覚悟で進んでいかなくてはならなくなるのが、みなさんのお子さんたちです。

たとえばみなさんの時代には、まだ終身雇用の名残があるので、定年まで会社に勤めるという人も多いでしょう。けれど子供たちが働くこれからの時代は、正社員と非正規社員という区別はなく、パートタイムで働くかフルタイムで働くかの違いがあるだけで、ノルマが果たせないとすぐにクビになるというアメリカのような状況になっているかもしれません。

また、結婚してもあたりまえに離婚し、連れ子を持つ者同士で再婚して家族になるという家族形態が多数になっているかもしれません。

さらに、ほとんどの支払いは現金でもカードでもなく、スマホという時代になって、「ピッ！」と鳴れば支払い完了が普通という時代になっていることでしょう。

こうして、世の中はどんどん変わっていきます。

ちなみに今から約20年前までは、株を買う時に証券会社に電話すると、証券取引所で、証券マンが手でサインを送りながら株を売ったり買ったりしていました。けれど、1999年4月からはこうした「場立ち」の取引はなくなり、今ではほとんどの人がプロと同じ土俵で株をインターネットで売り買いしています。

こうした世の中を生きていく**子供たちには、「リスクをとる」という感覚が必要で、**

そのリスク回避の方法の一つとして、「投資教育」が必要なのです。

ただ、「投資教育」といっても、目先の「儲かる投資方法」などは学んでも無意味。**変化の大きな時代には、投資の本質を教えてあげた方が役に立ちます。**

投資の本質を学ぶのには、**まず危険性や失敗を学ぶこと。「儲け」でなく「リスク」を学ぶ方が、長い目で見ると失敗が少なく、成功しやすいか**らです。

クラウドファンディングは絶好の社会勉強のチャンス

投資をしたいなら、まずは幾ばくかのお金を動かしてみることです。

お金を動かすというと思い浮かぶのが株式投資ですが、子供に『会社四季報』を読んで会社に投資させるというのは難しいし、もしかしたら「投資」ではなく、一攫千金を狙う「投機」になってしまう危険性もあります。

そうなると、将来はギャンブラーということになってしまうかもしれません。

ですから、個人的には株式投資の手法を教える前に、「投資が社会をよくする」というところからスタートして、投資のなんたるかを教えた方が、将来的には投資の本質に近づけるのではないかと思います。

たとえば、クラウドファンディング。

クラウドファンディングというのは、「Crowd（群衆）」と「Funding（資金調達）」を組み合わせた造語で、自分の店をオープンしたいとか、イベントを開催したい、新商品を売りたいなど、さまざまな夢があるのに資金がないという人が、趣旨を説明して出資者を募り自分の夢を実現するというものです。

古くは、僧侶が寺を建て直すため、たくさんの家を回って信者に費用を寄進してもらったのも、クラウドファンディングにあたります。

また、すっかり庶民生活に定着した「ふるさと納税」も、広い意味でのクラウドファンディングです。

今は、インターネットでさまざまなクラウドファンディングのマッチングサイトが立ち上がっていますから、こうしたものの中から、人の役に立って、成功したら見返りも期待できるというものを、子供と一緒にチェックしてみてはどうでしょう。

東日本大震災のあと、津波で流されてしまった牡蠣の養殖筏を再開するため、クラウドファンディングで出資を募り、再出発した後は毎年、収獲された牡蠣を送っている漁師もいます。

コロナ禍の中で、代々続いた老舗のレストランを閉店させたくないという思いで、出資者を募っている店もあります。

コロナ禍で、芋掘り遠足などができなくなってしまった子供たちのために、園庭に小さな畑をつくり、土に触れさせるプロジェクトを進めたいと出資を募集している人もいます。

世の中にはさまざまな人がいて、いろいろなニーズがあります。

しかも、クラウドファンディングのマッチングサイトでは、本人が直接出てきて、なぜ援助して欲しいのか、その経緯などを紹介していますから、子供だけでなく大人にとっても、社会への目を開くきっかけになるのではないでしょうか。

これからの子供は、投資する立場だけでなく、投資される立場に立つことも増えるで

しょう。なぜなら、会社に勤めることだけが働き方でない時代になると、起業する人も増えるからです。

そうなった時に、**どうすれば自分を支援してくれる人を探せるかを考える際の役にも立ちますから、今から知っておいて損はありません**。

最大のリスクとは何か

投資の神様と言われるウォーレン・バフェットは、「わからないことには投資しない」をモットーとしています。

「何に投資すれば良いかという質問を常に受けますが、それに対する答えは、誰の言うことも信じてはいけない、あなたがよく知っているものだけに投資するのが、成功への道だ」と言っています。

これはとても大切。なぜなら、**最大の「リスク」は「知らないこと」**だからです。

バフェットは、投資する企業については、財務諸表は当然ですが、そこで働いている従業員のことまで調べてから投資するとまで言われています。

大人でも「投資をしたい」と言うと、必ず金融機関で勧められるのが「投資信託」という商品。

ただバフェットは、「投資信託」について、投資家が利益を増やすものではなく、ファンドマネージャーや運営会社がリスクなしで儲けるものと言っています。

「投資は自己責任」という言葉は、ほとんどの人が知っていることでしょう。けれど自己責任なら、その投資の弱点、つまり「リスク」がどこにあるのかがわからなければいけません。

ですから、急激に目減りしてしまっても、投資家は責任の取りようもありません。それが人任せになっているのが投資信託です。なぜ目減りしたのかがわからないと、同じ間違いを繰り返すことになります。

そういう意味で、**「わからないことには投資しない」というのは、シンプルですが本質**でしょう。

CASE STUDY

毎日の暮らしの中でも「リスク」は教えられる

8歳の健一くんは、小学校から帰って玄関に入る前に、郵便受けから手紙を取ってくるのが毎日のお仕事です。手紙と一緒に入っているチラシにはときどきピザの割引券などもついているので、そういうものもお母さんのところに持っていきます。

その日は、郵便受けに白地に赤く「30万円！」という字が書かれたチラシが入っていました。30万円がすごい大金だということは、健一くんも知っています。前にお父さんの給料を聞いたら、35万円だと言っていたからです。

まだ漢字は読めないのですが、カタカナはなんとなくわかります。そこには「カンタン」「チャンス」などの字が躍っていたので、「お母さん、すごいチラシが入っていたよ！」と早速お母さんに持っていきました。

「これで、お金持ちになれるんじゃないの」

それを見たお母さんは笑いながら言いました。

「う〜ん、残念だけど、これじゃあお金持ちにはなれないよ」

世の中には「いい儲け話がありますよ」という言葉が氾濫しています。けれど、**甘いセールストークにはほとんど裏があります。そうしたことに子供が興味を示したら、できるだけわかりやすく説明してあげましょう。**

健一くんが持ってきたチラシには、「家でできるカンタンな仕事です。空いた時間を有効に使って誰でもできる仕事で、中には月に30万円くらい稼いでいる人もいます」とありました。

そのチラシを見せながら、お母さんは言いました。

「このお仕事を始めるには、まず、会社が用意しているパソコンを買わなくてはいけないって書いてあるでしょう。次に、会社がやっている講習会に出て、お金も払わなくてはいけないの。それに30万円くらいかかるけど、必ず30万円が手に入るわけじゃない。

朝から晩までご飯も食べずにずっと働かないと、30万円を稼ぐのは難しいみたい。健ちゃんの面倒を見る時間もなくなっちゃいそう」

「えっ、そんなにずっと働いたら、病気になっちゃうよ！」

「そう。このチラシを見て、お母さんがやりますって申し込んだら、まず30万円を払わなくちゃならないし、健ちゃんやお父さんのご飯をつくってあげる時間もなくなるかもしれないし、病気にもなっちゃうかもしれないよ」

「そんなの、ダメだよ！」

せっかく儲かる話かもしれないと思ったのに、健一くんはがっかりしました。


「儲かります、なんて書いてあるチラシを見る時には、こういう小さなところから見た方がいいの。

ほら、この隅の方に小さく、『最初に講習料として30万円かかります』って書いてあるでしょう。小さく書いてあるのは、最初に30万円出さなくてはいけないことをあまり知らせたくないのね。だから、月に30万円の収入のところはこんなに大きく書いてあるのに、最初に30万円払わなくちゃいけないことは小さい」

「ほんとだ、小さい字でもちゃんと読まないと、騙されちゃうね」
「そうね。申し込んでしまった後に、『知りませんでした』って言っても、『チラシにちゃんと書いてありますよ』と言われちゃうからね」

今、子供にお金をあげて株を買わせてみるというような投資教育が流行っています。それはそれでいいのですが、その前に、**投資の裏側に潜んでいるリスクを知るということが大切**ではないかと思います。

「ちょっと変だな」と思ったら、むやみやたらに投資に乗り出さない。そういうことを日常の中で教えてあげておけば、子供は無茶な投資もしないようになるでしょう。

自己責任の時代を生きていかなくてはいけない子供にとっては、投資のノウハウも必要かもしれませんが、大前提として**「儲け」に足をすくわれない知恵が必要**でしょう。

真剣勝負のゲームでリスクを体験させる

9歳の千晶ちゃんの家では、日曜日の晩に時々、お父さんとお母さんとお兄ちゃんと

4人でトランプをします。

千晶ちゃんができるのは「7ならべ」か「神経衰弱」ですが、その日はお母さんとお兄ちゃんが用事ででかけていたので、お父さんと二人。お父さんが、新しいゲームをやろうと言い出しました。

それは「ブラックジャック」というゲーム。配られたトランプの数字の合計が21を超えてはダメで、21に近い人が勝ちというゲームです。

お父さんが親になり、自分と千晶ちゃんに2枚ずつトランプを配りました。配られたカードの数を足して自分が勝つと思ったらそこでストップと言い、これでは勝てないと思ったら、カードを追加できます。ただし、21なら勝ちですが、22以上になるとアウトとなります。


「どうせやるなら、本格的に何か賭けてみよう」

そう言うと、お父さんは台所からアメを持ってきて、千晶ちゃんに10個渡しました。

「千晶がもし勝ちそうだと思ったら、自分のアメを賭ける。もしいい数字になって絶対に勝てると思ったら、アメを2個でも3個でも出して、当たればそれだけの数をお父さんからもらえるけれど、外れたら、そのアメはお父さんがもらうことにしよう」

「ブラックジャック」はカジノでも人気のゲーム。その仕組みを、お父さん流に簡単にしてゲームが始まりました。アメを賭けているので千晶ちゃんは真剣です。

最初に良い数字が来たので勝てると思い、なんと無謀にも5個のアメを賭けました。ところが、結果はお父さんの方が21に近い数字だったので、負けて5個のアメを取られ、残りは5個になってしまいました。

そこで**千晶ちゃんはもうちょっと慎重になって、勝てると思ってもアメは1個ずつ賭けるようにして、確実にお父さんからアメを取り返していきました。**

そうやって、アメが13個になった時に、千晶ちゃんは思い切ってアメを3個賭けました。

「3個も賭けて大丈夫か？」

とお父さんが言うと、千晶ちゃんは笑って、

「大丈夫、3個なくしてもまだ10個あるから、スタートに戻るだけ」

残念ながら、3個のアメはお父さんに取られてしまいましたが、そこからはまた慎重になってアメを賭けるのは1個ずつにし、10個よりもアメの数が増えていたら、増えたぶんを大きく賭けるという作戦で、なんと千晶ちゃんは最後にはお父さんが持っているアメをすべて奪うことができました。

常に、最初もらった10個のアメを減らさないようにしながら賭ける千晶ちゃんを見て、お父さんは「この子はなかなか堅実な勝負をする」と感心しました。

千晶ちゃんの家では、トランプのほかに、花札や双六《すごろく》など月に何回かは家族みんなでゲームをします。そのたびに、アメを賭けたりミカンを賭けたり、いろいろなものを賭けて遊びます。

一番みんなが喜んだのは、「モノポリー」という財産版人生ゲーム。あらかじめおもちゃのお金を配り、サイコロを振って、出た目の数だけ進むのですが、止まったところに指示があり、そこで土地を買ったり募金をしたり、税金を払ったり、家を建てたりします。その家を売ったり、貸したりするとお金が入ってきて、大金持ちになったり破産したりしますが、破産した人は負けになります。

最初は千晶ちゃんには難しかったのですが、学年を経るに従って「コンサルタント料」とか「権利書」とか「抵当」などの言葉もわかり、「交渉」もできるようになってきました。

今はさまざまなゲームが売り出されています。「モノポリー」のように、人生でいろいろと起きそうなことを想定してゲームできるものも増えています。

まずは、こうしたもので**危なくないようにさまざまな「リスク」を体験させ、慣れたら実際に投資に進む**といった順番がいいのではないでしょうか。

10

「価値観」激変の時代を生きる

子供を伸ばすヒントが
ここにある

モノの値段も価値観も変わる

みなさんは、「定価」という言葉を知っていますか。

「定価販売」は、今は書籍の販売くらいでしか行われておらず、ほとんどのものが売る人と買う人のニーズによって決まるオープン価格になっています。

実は、「定価」というものは、江戸時代になるまではありませんでした。

「定価」ができたのは、延宝元年（1673年）、伊勢から出てきて日本橋で呉服屋をはじめた現在の三越の前身である三井越後屋が、「現金掛け値なし」という新商法を編み出してからなのだそうです。

当時の呉服屋は、大名や武家の屋敷に反物《たんもの》を持っていき、ツケで買わせて後で資金を回収するという商売をしていました。けれどこれでは人件費も高くなり、資金回収までに時間もかかります。

そこで、三井越後屋は店先に呉服を並べて値段をつけて売るという商売を始めました。これが世界で初めての定価販売と言われています。

私が20代の頃は、メーカーが商品価格を決めた「定価」で買うのがあたりまえでした。ですから、海外貿易の会社をやっている友人が「定価なんていうヘンテコなものがあるのは、世界中で日本だけだよ」と教えてくれた時には、「定価」という価値観しかなかった私は、びっくり仰天したものでした。

ビッグデータがモノの値段を決める

「定価」が消えて「希望小売価格」となり、これが「オープン価格」に変わって現在に至っています。


たぶん、みなさんは最初から「オープン価格」の中で育っていることでしょう。

「オープン価格」が出てきたのは、メーカーよりも販売店などの流通が力を持つようになった結果です。店が客のニーズを把握して価格を決めますから、価格は店ごとに異なります。

みなさんもネットを駆使して、少しでも安く手に入れる工夫をしているのではないでしょうか。

では、みなさんの子供たちの時代には、モノの値段はどう決められるのでしょうか。

たぶん、**ダイナミック・プライシングという、AI（人工知能）がビッグデータを駆使して価格を決める時代になっている**ことでしょう。ＡＩを使うので、条件次第で細かく価格設定ができます。

たとえば、屋外で観戦するスポーツの場合、平日か休日かといった日付に加え、開催時期の天候や暑さ寒さ、見やすい席であるか、人気の選手が出るか、優勝など特別なイベントが重なっているかなど、多角的な要素でチケットの価値が変わります。

多くの条件を勘案して１枚１枚のチケットに適正と思われる価格をつける作業は、とても人間にはできませんが、ＡＩなら過去の膨大なデータから瞬時にできるのです。

すでにアメリカでは、アメフトやベースボール、アイスホッケーなどのチケットがダイナミック・プライシングになっていますし、日本でも福岡ソフトバンクホークスや東北楽天ゴールデンイーグルスが使っており、ポピュラーになりつつあります。

時代が変われば、時代を映す「ステイタス」も激変

スポーツ観戦だけでなく、**さまざまなものの値段がダイナミック・プライシングに移行していくと、生活もずいぶん変わってきます。**たとえば、雨の日にタクシーに乗ると晴れた日より料金が高いとか、飲食店も混んでいたら価格が高くガラガラだったら安くなるということが起きるかもしれません。

いま日本では、インターネットで物を買う市場規模が15兆円を超えていると言われています。

オンライン店舗などは普通の店舗よりもダイナミック・プライシングに馴染みやすいですから、今後さらにネット通販が増えることを考えると、これからの子供たちはめま

ぐるしく変わる価格の中で生きていくことになるのでしょう。

変わるのはモノの価格だけではありません。**モノに対する価値観も、大きく変わること**になるでしょう。

私より上の世代は、大家族から抜け出して「家付き、カー付き、ババア抜き」の世代ですから、家と車があることがステイタスでした。バブルを経験している50代から60代は、家や車は親が持っていたので、自分はヴィトンやシャネルなどの海外ブランドを持つことがステイタスでした。

ステイタス（status）とは、現在の状況を意味する英語ですが、日本では地位を上げると言ったニュアンスでの使われ方をするケースが多いようです。つまり、「ワンランク上」の状況ということです。

若者がお金をかけてもいいと思っているものは？

では、みなさんのお子さんたちは、何をステイタスだと思うのでしょうか。

今、「モノに執着するのは、かっこ悪い」「高級志向は、みっともない」「仕事人間は、潤いがない」という若者が増えています。

物心ついた時からずっと不況で、経済も下り坂。

そんな中で、わざわざ見栄を張るよりも、もっとやさしく生きたいと願う子供が増えているような気がします。

おもしろいのは、**モノにはお金をかけないけれど、自分自身にはお金をかけるという若者が増えている**こと。服はユニクロで平気だけれど、30万円かけて脱毛や歯の矯正をする。それほど太ってもいないのに、100万円かけて脂肪吸引をしたという女性もいます。

なぜ、そんなに美容にお金をかけるのかと聞いたら、30万円のブランドバッグを持つより、その30万円を自分の歯の矯正に使った方が満足感が高いし、綺麗な歯並びはいつまでも自分の財産として残ると言うのです。

さまざまな産業が衰退している中で、美容医療は急速に拡大しています。業者の数はここ10年ほどで3倍以上に増え、市場規模は約1兆円に届く勢いです。

なぜ、これほどまでに美容整形が注目されているのかといえば、それは、**自分に対して少しでも自信を持ちたいということの裏返し**ではないかと思います。

今の子供たちは、どの世代よりも「生きづらさ」を感じている世代でしょう。いじめや不登校、大人の心無い暴力的な言葉などにあふれた世の中で、折れやすい繊細な心を持った子供たちは、自信を失い、なんだかとても疲れています。

こうした中で、せめて人より美しくありたい、自己満足したい、自分が心地よくありたいと美容整形を行うのではないでしょうか。

親の価値観は、すでに古いと自覚する

時代が変われば、価値観も変わります。

みなさんの中には、いい大学に入り、いい会社に入ることこそ人生で最大の目標だと考える方もおられるでしょう。

けれど、それはみなさんの子供たちの「幸せ」の価値観とは違っているかもしれませ

ん。なぜなら、いい学校に入り、いい会社に就職すれば幸せになれるというような単純な公式自体が、すでに通用しない時代になっているからです。

子供たちが生きていく時代は今よりずっと複雑で、日々変わっていく情報の洪水の中を泳ぎまわりながら自分が休める場所を探す、そんな時代です。しかも、日々進化していくテクノロジーと共存しながら、インターネットに繋がって生きていくのですから、考えただけでどれだけ大変なのかがわかります。

こんな大変な時代を生き抜かなくてはいけない子供たちですから、**最低限、親の古い価値観だけは子供に押し付けないことが大切**でしょう。

時代に伴って価値観は変わります。子供をしっかり見ながら、**親がその価値観の変化を受け入れなくてはいけない**ということを肝に銘じましょう。

CASE STUDY

子供の価値観を全力で肯定しよう

10歳の弘樹くんは、最近、何かにつけて親に文句を言うようになりました。

「朝早くクラブ活動に行くと言ったのに、なんで制服のボタンをつけておいてくれないの。やっといてくれるって言ったじゃない」

勉強しなさいと言うと、

「うるさいな、わかってるってば。今やろうとしていたのに、お母さんがそんなこと言うから、やる気がなくなっちゃったよ」

そんな弘樹くんに手を焼いてお父さんに相談すると、

「それ、反抗期じゃないの？　オレも、さんざん両親にたてついたからわかるけど、まだまだお前に甘えてるんだよ」

子供が独り立ちするためには、親と対等な一人の人間として自立しなくてはなりません。そのために、子供には思春期に「反抗期」があるのだと言われています。

そして最近は、2歳から3歳に訪れる、何でも「イヤイヤ」という反抗期と、思春期になって本格的に親から離れようとする反抗期の間、5歳から10歳くらいにも中間反抗期があると言われています。

親にしてみれば、「うるさい」だの、「親のルールを押し付けるな」だの、生意気なことを言われると動揺します。けれど、それが「中間反抗期」なのだと思えば、納得できるでしょう。

私にも、身に覚えがあります。

母親にさんざん言われたのに、反抗して夏休みの宿題をやらずに溜めてしまい、学校で先生に叱られて恥ずかしい思いをしました。寝る前に忘れ物がないかどうかチェックしなさいという母親に反抗して、「もう眠い。明日やるから口うるさく言わないでよ」と言い、案の定、図書館での読書の時間に「読書板」という読む本の代わりに棚に差し入れておく木の札を家に忘れ、家まで取りに帰らされたこともありました。

何かで腹を立てて「もう、ご飯なんて食べないから」と部屋に閉じこもった時も、ドアの前に母親が置いておいてくれたおにぎりを、ありがたいとも思わず、腹を立てたまま食べたのですが、自分が母親になってみると、母に悪いことをしたなと思います。

子供に反抗期があるのは、親を乗り越えたいという気持ちがあるからでしょう。

親を乗り越えるからこそ、子供は親の価値観ではない自分の価値観を身につけて、大人になっていきます。そして大人になると、「あの人（両親）のこともわかる」と、違う価値観の中で、親が理解できるようになるのではないでしょうか。

「親子だから価値観が同じ」はあり得ない

「やっぱり親子だから、価値観も同じなのよね」

そう思う親は、多いと思いますが、子供は親とは別な人格です。ですから、**親子で価値観が同じということは、子供が親に合わせているということ**でしょう。

心理学者のアドラーは、両親が持っている価値観を「家族価値」といい、それが家族の理想や目標になりがちだと言います。「男は男らしく、女は女らしく」「親の言うことはよく聞く」「子供の勉強が第一」。そんな家庭内での「家族価値」は、子供にも影響を与えます。

子供は両親が持っている価値観を無視することができないので、全面服従するか、全面反抗することになりますが、全面服従すれば「あの子は従順でいい子ね」ということになり、全面反抗すれば「厳格な教育者の両親なのに、あの子は突然変異ね」と言われたりします。

そうなると、全面服従した方がいいように思えますが、これも良し悪しで、あまりに全面服従しすぎると自分の意見が持てない大人になり、いつまでも自立した人間になれません。

大切なのは、「家族価値」に育まれながらも、家族を客観的に見られる自立心を持った子供に育つことではないでしょうか。

子供のチャレンジをどう応援する？

「お父さん、僕、宇宙飛行士になりたいんだけど、難しいかな」

11歳の幹雄くんが、お父さんに聞きました。

「そんなの簡単だよ。ちょっと人より算数とかを勉強して、体も鍛えておけば、大丈夫。お父さんたちの時代と違って、幹雄たちの時代には誰だって宇宙に行けるようになるんじゃないか」

この言葉に、幹雄くんは算数を頑張り始めました。そして、成績も上がりました。


それからも幹雄くんは、何度かお父さんに聞きました。

「僕、サッカー選手になれるかな」

「そんなの簡単だよ。ちょっと朝早く起きて練習すればいい」

「僕、お医者さんになれるかな。医学部ってなかなか入れないんでしょう？」

「そんなの簡単だよ。幹雄は算数を頑張っているし、気の毒な人の病気を治してあげたいっていう気持ちがあるだろう。そういう人は医者に向いていると思うよ」

人生が簡単ではないことは、お父さんが一番よくわかっています。お父さんも昔はパイロットになりたいと思っていたのですが、色覚障害なのでなれないとわかりました。法律家を目指して法学部に入学しましたが、司法試験に何度も挑んでは落ち、ついに諦めました。就職では、ドラマが作りたくていくつものテレビ局を受け、すべて落ちました。

ですから、客観的に見ると一つも夢は叶っていないのですが、ただ、好きな女の人と結婚して家庭を持ち、可愛い子供が生まれて、満足した生活を送っています。法学部に行ったので、お母さんと知り合うことができました。テレビ局を落ちたので、今の会社で重要な仕事を任され、毎日が充実しています。

だから、幹雄くんには、**何度失敗してもいいからチャレンジする気持ちは忘れないでほしいと思い、できるだけ夢を潰さないと決めた**のでした。

子供は親が思う以上に怖がりだから勇気づけてあげる

子供は親が思う以上に怖がりです。なぜなら、まだ自分だけの足では立って歩くことができないからです。

ですから、**「それは難しいよ」と言うと、それだけで諦めてしまいます。**それを諦めさせないためには、幹雄くんのお父さんのように、**「簡単だよ、努力さえすれば」と言ってあげること**です。

子供の目標は、成長するたびに変わっていきます。今は「医者になりたい」と思っても、「漫画家になりたい」と思うようになるかもしれないし、「ｅスポーツの選手になりたい」と思うかもしれません。

親から見るといい加減なことを言っていると思うかもしれませんが、子供は子供なりに真剣に考えています。

それを茶化さずに、「簡単だよ、努力さえすれば」と励ましてあげる。そうすれば、安心して子供は伸びていけます。

ソニーの創業者である井深大《いぶかまさる》氏は「トライ・アンド・エラーを繰り返すことが経験、蓄積になる。独自のノウハウは、そうやってできていく」と言っています。

子供が自立して生きていくには、自分が育った家族の価値観を受け継ぎながらも、それを超えて自分なりの価値観を持たなくてはなりません。

そのために、**親は自分の価値観を子供に押し付けるのではなく、子供の価値観を肯定して伸ばしてあげる。**

それが新しい時代に生きていく子供の支えとなり、価値観は違っても、家族という絆は変わらないということになっていくでしょう。

11

見えないお金と上手く付き合う

キャッシュレス時代の
落とし穴をチェック

キャッシュレスほど、シビアな金銭感覚が必要

1円玉の価値が、高騰しています。

平成23年、24年、25年、29年、30年に発行された1円玉は、使えば1円ですが、マニアの間では3000円の値打ちがあると言われています。

なぜ、こんなに1円玉の価値が急上昇したかといえば、発行枚数が減っているから。

平成23年といえば、ちょうど電子マネーが普及し始めた頃です。電子マネーの普及で現実のお金、特に小銭が使われることが少なくなり、1円玉の発行枚数が減って希少価値が出たことで、3000倍もの価値がつくプレミア硬貨となったようです。

電子マネーの普及に最も貢献したのが、交通系電子マネーの「Suica」。

さらに、2007年にはコンビニのセブン‐イレブンをはじめとした加盟店で支払い

ができる電子マネー「nanaco」が導入され、2008年にはイオングループの電子マネー「WAON」の全国展開が始まり、2010年にはコンビニのローソン、昭和シェル石油などで使える電子マネー「Ponta」が導入されました。

その結果、貨幣の必要性が低下し、特に1円玉の発行枚数が減って、高いプレミアムがつくようになったと言われています。

便利さの裏にこれだけのリスク

今は小学生でも「Suica」や「PASMO」で電車やバスを乗り降りし、「WAON」や「nanaco」を使ってコンビニで買い物しています。

キャッシュレスはさらに進化していて、これからはスマホ決済も多くなっていきます。

2020年には、小学生の半数近くがスマホを持つようになりましたから、塾帰りのコンビニでの買い物でもスマホ決済が増えて、ますます現金は使われなくなってきています。

電子マネーとは、デジタル化されたお金のこと。タイプは大きく分けて3つ。
①あらかじめカードやスマホのアプリでチャージしておくプリペイドタイプ。
②お金を使ったら、その時点で銀行口座からお金が引き落とされるデビットタイプ。
③いったん支払いを立て替えてもらい、後でお金を支払うクレジットタイプ。

こうしたものは使い始めると便利ではありますが、ますます**お金の重みが失われ、使い過ぎていつの間にか借金を負っているということになりかねません。**

今の小学生を持つ親の中には、まだ少数ではありますが、キャッシュレスでお小遣いをあげるという親もいます。キャッシュレス時代に備えてのことでしょうが、そうなると、現金を見たことがないという子供も出てくるかもしれません。

キャッシュレス決済では、目の前にお金がないだけに、財布からお金が出ていく感覚が乏しくなりがちです。

しかも、①のプリペイドタイプや②のデビットタイプは、あらかじめお金がないとモノが買えませんから金銭感覚が大切になりますが、③のクレジットタイプだと後払いなので、お金がなくてもモノが買えてしまいます。

しかもこのタイプには、「リボルビング払い」という、借りたお金を少額ずつ返していけばいい支払い方法があり、借金がいつまでたっても減らずに万年借金に陥るケースもあります。

①のプリペイドタイプや②のデビットタイプにも、落とし穴はあります。①には自動チャージといって、お金がなくなったら自動的に補充してくれるシステムがついているものがあり、どんどん口座から引き出されてしまう可能性があります。

②については、銀行口座に残高がないと使えず、使える場所が意外と少ないのが現状です。

こうしたカードを使いこなすのが現代人としてスマートだという言われ方をされますが、**実際に複数のカードを持つと、さまざまなトラブルも起きます**。たとえば、クレジットカードの引き落とし日を忘れてデビットカードで買い物をしようとしたら、口座のお金が足りず買えなかったということが起きています。

クレジットヒストリーがなぜ重要か

欧米では、手元に大金を置いておくと、強盗に銃で脅されたり、命まで狙われる危険があります。ですから、昔からなるべく大金は手元に置かず、小切手で取引をする習慣がありました。この役割を、今はクレジットカードが果たしています。

欧米の人を見ていると、クレジットカードで買い物した後に、手帳を取り出してお金が引き落とされる日をメモしたり、モノを買った後の控えを大切に財布に入れておいたりしています。なぜ、こんなにクレジットカードの扱いが丁寧なのかといえば、海外ではクレジットカードの利用の仕方で、大げさにいえば人格まで評価されるからです。

なぜなら、アメリカは転職社会なので、いつまでその企業に勤めているかわからない。ですから、アメリカでは、大手企業に勤めていることが個人の社会的な信用力とは結びつかないケースが多いのです。

では、**どうやって個人の信用力が評価されるのか。**

それは、借りた金をしっかり返していける人かどうか、クレジットカードの利用歴

（クレジットヒストリー）で証明されるのです。会社のＩＤカードよりクレジットカードの「クレジットヒストリー」の方が重要視されるのです。

日本も、急速にアメリカ社会のような、雇用が流動化する転職社会になっています。そうなると、会社のＩＤより「クレジットヒストリー」が大切になるかもしれません。

知らない間に、自分名義のドコモ口座!?

さらにキャッシュレス社会になると、これまで考えられなかったようなさまざまな犯罪が起きてきます。

これからは、見えないお金を見えないインターネットというツールでやりとりする時代です。ネットの中には危険もいっぱい。身に覚えがないのに、メインバンクから本人名義で作成されたドコモ口座にお金が振り込まれているという事件も起きています。また、銀行からメールが来たので口座に入ってみるとフィッシング詐欺で、大切な個人情報が抜き取られたなどということも起きています。

見えないお金は、これからも数々の事件を引き起こしていくことでしょう。それだけに、子供にはその恐ろしさも教えておいてあげなくてはいけません。

また、自分がうっかりしていて大損することもあります。

1000円札と1万円札を間違える人はいない。なぜなら、色も模様も大きさもまったく違うからです。けれど、インターネットで送金する時は、1000円と10000円を間違えることがあります。うっかり0のボタンを一つ多く押せば、1000円送るつもりが10000円送ってしまうことになるからです。

子供にお金の価値を教える時に最も大切なのは、お金は天から降ってくるものでなく、働いたり、相手の欲しいものをあげたりする対価なのだということ。

このことを知らないうちに電子マネーを使うようになると、振れば出てくる打ち出の小槌のように、どこからかお金が手に入れられる感覚を持ってしまうかもしれません。

そうならないために、**キャッシュレスの前段階として、現金の扱いがしっかりできるように教えてあげておく**ことが大切ではないでしょうか。

CASE STUDY

お金をリアルに理解させるために

6歳の愛美ちゃんは、お母さんとスーパーに買い物に行くことが大好きです。

スーパーでの愛美ちゃんの最近のお仕事は、会計係。小学校に入る前なので、まだ足し算や引き算は習っていませんが、お母さんから電卓を渡され、お母さんが買おうと思っている食品に書かれている値段の数字を電卓に入れ、＋のマークを押していきます。

時々、「今、どれくらいになっているか見せて」と言われて電卓を手渡すと、「あら、1200円を超えちゃったね」とお母さん。「これは今必要じゃないから返しに行くわ」とお母さんが言ったら、その商品の値段を入れ－マークを押します。

そんな愛美ちゃんに、お母さんは時々品物を見せながらクイズを出します。

「1個150円のアイスを3個買うのと、3個400円でアイスを買うのでは、どっちがおトクでしょう?」

　掛け算などわからない愛美ちゃんですが、1個150円のものを3個買うときには電卓の×というボタンと3を押せばいいということはわかっているので、3個で450円という数字はすぐに出せ、「3個400円の方がトクだよ」と得意げに答えます。

電卓も使いようだと考える

　電卓は、たしか小学校の4年生くらいから授業で使わせるのではないかと思います。あまり早くから使わせると、数学的な思考能力が落ちたり、電卓に頼って暗算の能力が落ちたり、誤った数字を打っても気づかないケースがあると言われ、否定的な見方をする傾向が日本ではまだまだ多いようです。

　ただ、みなさんの**お子さんが生きて行く時代は、これまでのように先生の言うことを丸暗記して、たくさん暗記できた人が優秀と言われる時代ではなくなっているでしょう。計算した結果を、自分で正しく判断する力が求められる時代です。**そのために、電卓という強い武器を使うことは、悪いことではないと私は思います。

昔は、小さな頃からソロバンを習い、実際にはソロバンがなくても、頭の中にソロバンがあってものすごいスピードで計算ができる人が多くいました。けれどソロバンがなくなり、一生懸命九九を暗記しなくてはならない時代になって、計算スピードは格段に落ちたと言われています。

だとすれば、ソロバンに代わってもっと誰もが使いやすい電卓を利用し、**面倒な計算は電卓任せにして、そこから導き出される結果を考えることがより大切**な時代になります。

愛美ちゃんのケースで言えば、1個150円のアイスが3個だといくらになるのかという計算よりも、3個400円のアイスと比べて、それが高いのか安いのか自分で判断するということが大切な時代になってくるということです。

問われるのは、自分の思考力をどう使うか

キャッシュレス時代になると、物の値段が抽象的な数字になりがちです。それだけに、

モノと値段をしっかり見て、比べるということが必要になります。

電車にはSuicaをかざすだけで簡単に乗れますが、毎日通勤する時、その都度払うのか、定期券を買うのか、どちらを選ぶかで出費もかなり違ってきます。

その、リアルな数字の把握がないと、電子マネーは、打ち出の小槌になってしまう可能性があります。

同じ商品でも、デパートとディスカウントストアでは違う価格がついています。通信販売だと、価格が違うだけでなく、ポイントなどもやたらについてきます。

こうした中で、正しい取捨選択をしていくことが大切な時代になってくるのです。

個人的なことですが、私はたぶんみなさんほど記憶力がよくない人間だと思います。子供の頃は、自分が数字の苦手な文科系の人間だと思い込んでいました。

ところが大人になって、複雑な計算をエクセルで行い、さまざまなことをネットで調べ、原稿をパソコンで書くようになって、世界が変わりました。

記憶力などそれほどなくても、機械を駆使すれば裏付けを確認できるし、データを集められます。機械が集めてくれるそうした情報をもとに、自分は考えることだけに集中すればいい。

今の私の仕事が成り立っているのは、自信がなかった記憶力や計算力を早い段階であきらめ、パソコンなどの機械を駆使する技術を身につけたからではないかと思います。

フィンランドの子供たちは、世界トップクラスの学力だと評価されていますが、なぜ子供にトップクラスの学力を持たせられるのかと言えば、「覚え方」を教えるのではなく、「何をどう使ってもいいから、このガラクタの山から家をつくってごらん」など、子供たちに「考えさせる」訓練をしているからです。

電卓もネットも、ありとあらゆるものを駆使して子供たちは家をつくろうとします。それは楽しいチャレンジであり、思考力を高める訓練になります。

現金だから学べる金銭感覚

お母さんは、愛美ちゃんがスーパーで何か買いたいと言ったら、必ず財布を広げて「それを買うには、いくら必要なの」と聞きます。

あらかじめ、1円玉が5個で5円玉と同じ、5円玉が2個で10円玉と同じ、1円玉が10個で10円になり、10円が10個で100円になる、50円玉が2個で100円になる、といった基本的なことは家で遊びながら教えてあるので、いよいよ実践です。

「98円（消費税込み）だから……、あれ、1円玉が足りないよ」

「1円玉がなくて買うには、どうすればいいのかな」

お母さんが聞くと、愛美ちゃんはしばらく考えていましたが、「100円あれば、98円より多いから買えるね」と答え、お母さんは驚きました。まだ、お釣りのことは教えていなかったからです。

そこで愛美ちゃんに100円を渡してレジに行かせると、商品と2円のお釣りを握りしめて帰って来ました。

キャッシュレス社会になっても、お金を貨幣や紙幣で把握する感覚は幼少のうちからしっかり身につけさせておかなければいけません。

電子マネーで買い物させるのもいいですが、**「お金」というものがどういうものかが理解できるまでは、なるべく現金を使って学ばせた方がいい**でしょう。また、電子マネーを使いこなせるようになっても、一定額の現金を持たなくてはいけないということも、どこかで教えておきましょう。

子供には具体的なリスクも伝えよう

電子マネーが主流の時代になっていきますが、一方では、電子マネー独特のリスクもあります。

使いすぎてしまうリスクは前述しましたが、**それ以外にも電子マネーにはさまざまなリスクがあります。** たとえばスマホの場合、充電切れになっては使えません。災害で停電になってしまったら充電もできず、電話も使えなくなることが考えられます。

また、都市部では電子マネーが使える店が比較的ありますが、地方に行くと現金しか使えない店が多くあります。さらにスマホだけが頼りだと、落としたり忘れて来た場合には、財布がないのと同じ状況になります。

加えて、電子マネーの中には、お金が足りなくなった時にお店やスマホアプリを通してチャージする際、時間がかかるものもあります。また、プリペイドカードタイプで無記名のものだと、落としたら戻ってこないケースが多いでしょう。お金と同じですから、拾った人に使われてしまうケースも出てくるでしょう。

新しいクレジットカードやスマートフォンなら、ＩＣチップや磁気ストライプが搭載されているものが多いのでスキミングなどの被害に遭うケースは少ないですが、**さまざまなリスクが想定されるだけに、こうしたことも子供に教えておくべきでしょう。**

12
幸せな人生に必要な「感謝」の気持ち

お金は「手段」。
幸せを感じ取れる
子供に育てるには？

自分が幸せだと思える時

「お金がたくさんあれば、それに比例して幸せになるとは限らない」ということを研究して、ノーベル経済学賞を受賞された経済学者がいます。

ダニエル・カーネマンというプリンストン大学の名誉教授で、調査会社と一緒に、年収が増えるに従って人はどのように幸福を感じるのかという調査を行いました。

結果を見ると、**多くの人は年収7万5000ドル（約800万円）になるまでは幸福感が上がっていくけれど、それ以上は年収が上がっても幸せだという感覚がそれほど増すわけではない**ということがわかりました。

しかも、収入が少ない人ほど収入が上がると幸福度が増していきますが、7万5000ドルの手前になるとカーブが緩くなって、収入と幸福度が比例しなくなります。

お金はあればあるほど幸せなわけではない

日本で言えば、**年収200万円の人が年収400万円になると幸福度は2倍くらいに急激に上がり、年収400万円の人が800万円になると1・5倍ほどに上がりますが、年収800万円を超えた人は生活面ではそこそこに満たされるため、それ以上は年収が上がることによる幸福度の上昇はそれほどではないということ。**

そこからさらに幸福度を上げるには、恋人ができたとか、可愛い子供が生まれたとか、辛かった病気が治って幸せだ、仕事がうまくいって幸せだ、いい友達ができて幸せだなどという、他の要因が必要だということです。

アメリカの心理学者アブラハム・マズローは、「人間の欲求は五段階のピラミッドのようになっている」と言

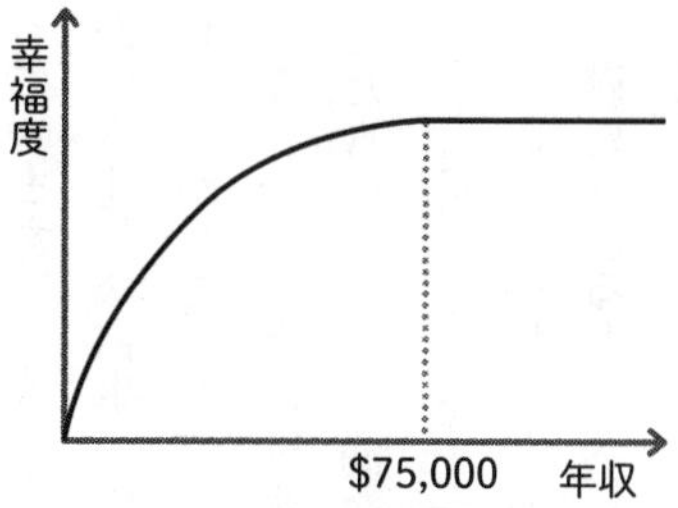

収入と幸福度の関係
カーネマンの研究を模式化したもの

っています。一番底辺が「生理的欲求」で、食べたい、飲みたい、寝たいなどの基本的かつ本能的な欲求。それが満たされると、雨風をしのぐ家が欲しいなどの安全・安心な暮らしがしたいという「安全欲求」が出てきて、それが満たされると、次に仲間が欲しいなどの「社会的欲求」、人に認められたいという「尊厳欲求」が次々と生まれ、こうしたもののすべてが満たされると、自分の能力を発揮して創造的な活動をしたいという「自己実現欲求」を持つようになるというのです。

この二つの理論を合わせると、**年収800万円になって「生理欲求」と「安全欲求」が満たされると、次には仲間を求めたり、人から認められることを求めたり、自己実現することを求め、そこに幸せを見出す**ということです。

必要なのは、「勇気と想像力と少しのお金」

幸せの尺度は、人によって違います。

ただ、カーネマンやマズローの研究でもわかるように、いろいろな尺度があるにせよ、**ある程度まで生活を安定させるお金がないと、人にもよりますが幸福度は下がる傾向に**

あります。ですから、年収８００万円とは言わないまでも、６００万円くらいはあるといいということです。

私が好きなチャールズ・チャップリンの映画『ライムライト』でのせりふに、「勇気と想像力と少しのお金」という有名な言葉があります。絶望した踊り子に年老いた芸人のチャップリンが、「そうさ、人生は良いものだよ。人生に必要なものは、勇気と想像力と少しのお金、これがすべてさ」というのです。
決して大金ではない、貧しくない程度のお金です。

お金がたくさんあることが幸せとは限らないけれど、一定額のお金はある方がいい。それは、戦争や貧困など時代の中でさまざまなことを経験した私たち世代の常識です。けれど、これからの子供たちにはそれは常識以前のことになっているかもしれません。なぜなら、出生率1・34（２０２０年）で〝一人っ子時代〟になってくると、ジジ、ババ、両親の財産がその子にいくだけでなく、一生独身という男女も増えているので、おじさん、おばさんの財産まで受け取るかもしれないからです。

ですから、平均的な家庭に育った子供は、食うに困るという状況をまったく知らないまま大人になるのではないでしょうか。

そうなると、最初から幸せを感じるスタートラインが高いので、結果、「このままでもいいや」と無気力になり、何事にも興味が薄い子供になってしまう可能性があります。

すべてを持っている子供たちに何をしてあげられるのか

「昭和は輝いていた」という言葉を、よく耳にします。

それは、日本が戦争に敗れ、すべてを失ったところから這い上がってきた時代なので、努力すれば日々の生活がよくなっていくことを実感できたからでしょう。

家に初めてテレビが来た時の幸福感。やっとの思いで車を買った時の充足感。洗濯機を買って、手の凍るように辛い真冬の洗濯から解放された喜び。トイレが水洗になった時の驚き。生活レベルが上がるたびに、子供は働く親に感謝し、親は子供が喜ぶたびに家族の幸せを感じる。

それが、「昭和は輝いていた」という言葉に凝縮されている気がしますが、**今の子供**

たちはこうしたものがすべて揃っている世の中に生まれています。これからの子供たちは、こうしたものを「便利になった」「嬉しい」とわざわざ感じずに生きていくことでしょう。

それどころか、今の子供は生まれた時からインターネット環境があり、育っていく中で「5G」と「IoT」という技術の革命的変化を享受します。「5G」とは「高速・大容量」「低遅延」「多種接続」の通信が可能となる通信技術で、2020年からスタートしています。「IoT」は、モノをインターネットにつなぐ技術で、たとえば子供たちの時代の自動車は機械が運転する自動運転があたりまえになっていくでしょう。

そうでなくても、今は、どんな家でもエアコンがあってあたりまえ。料理ができなくても冷凍食品をレンチンしたりウーバーイーツで頼めばいつでもプロの味が楽しめるのがあたりまえの時代なのです。

確実に、「幸福度」のスタート地点が高くなっているので、もしかしたら**今の子供たちは、「なかなか満足できない心」を抱え続けながら、幸せから遠いところで生きていかなくてはならなくなってしまうかも**しれません。

そうさせないために、今、私たちが子供にしてあげられることは何でしょうか。

子供のうちから教えたい「満足」の大切さ

「足るを知る」ことについて第6章104頁で書きましたが、江戸末期の儒学者である吉田松陰が父から受けた教育を、山岡荘八が歴史小説『吉田松陰』の中で書いています。「足るを知らなければ満足はなく、満足することを知らなければ感謝の念の湧きようもない。／そして感謝が無いということは、きわめてあらわに、その人間の生涯の不幸を決定づけるということだった」

つまり、「**満足し、感謝を知らなければ、幸せにはなれない**」ということです。

だとしたら、**子供のうちから、今ある「あたりまえ」が、ほんとうは「あたりまえではない」ということを、親が教えてあげなくてはいけない**でしょう。親が何でも揃えてあげるのではなく、自分から行動を起こし、その結果として満足が得られれば、感謝も幸せも、そこについてくるのではないでしょうか。

CASE STUDY

「正解」がない人生にどうやって備えるか

小学3年生の太一くんの冒険は、お父さんの「この夏は、キャンプに行こうか」という一言から始まりました。

実は、お父さんもお母さんも、今までキャンプということをしたことがありませんでした。お母さんは太一くんの2歳下の可奈ちゃんがまだ小さいこと、虫が苦手なこともあって、そんなことは考えてもみませんでした。お父さんも仕事で忙しいため、たまの休みにはキャンプではなく温泉にでも行ってのんびりしたいタイプでした。

けれどお父さんがそう言い出したのは、太一くんがテレビゲームばかりしていて、他のことに興味を示さなくなっていたからでした。担任の先生に相談すると、「少しゲームから離れる時間を持ったらどうでしょう」と言われました。

さっそく、テントや寝袋、食料などを買い、車に積んでキャンプ場に出かけました。お父さんと太一くんはテントを張る役目でしたが、なにしろお父さんもキャンプは初めて。説明書を読みながら試行錯誤です。テントが張れたら、キャンプのために買ったライスクッカーに米と水を入れ、持参した薪と炭で火をおこしてご飯を炊きました。可奈ちゃんとお母さんはカレー担当。お母さんは薪で料理をつくる自信がなかったので、家から持参した卓上コンロに鍋をかけてカレーをつくりました。

できあがったカレーライスを食べながら、太一くんも可奈ちゃんも大はしゃぎ。「ご飯って、薪でも炊けるんだね」と、電気釜で炊いたご飯しか知らない太一くんは、その美味しさに何杯もカレーをお代わりしました。

その夜は焚き火を囲んで家族でいろいろな話をしました。お父さんの小さい頃の話、お母さんの小さい頃の話。それは、今まで知らない話ばかりでした。

翌朝、太一くんは寒さで震えて目が覚めました。夏でも森の中は寒いのです。寝袋があれば大丈夫だろうと侮っていたのですが、土の上のテントには下からシンシンと寒さが伝わって来ました。お父さんもお母さんも寒くてあまり眠れなかったようでした。

朝食はコーヒーを淹《い》れ、持って来たパンとお鍋でハムエッグの予定でしたが、ハムを切って置いておいたら、隙をついてカラスが突撃してきて持って行ってしまいました。「油断も隙もない！」とお母さんは怒っていましたが、太一くんはちょっとの隙も見逃さないカラスの頭の良さと目敏《めざと》さにびっくりして感心しました。

太一くんは、キャンプがすっかり気に入りました。

ペグ打ち（テントの杭を打つこと）も上手にできるようになり、テントの中の寝床づくりも上手にできるようになりました。小枝を集めて火をおこすお手伝いも、野菜を切ることも、上手にできるようになりました。

ゲームは大好きですが、キャンプに行ってまでやろうとは思いません。なぜなら、ゲームをしている暇がないくらいに、やることがたくさんあるからです。

夜は焚き火を囲んでうつらうつらするのが楽しい。お父さんもお母さんも、いつになく楽しそうに話をしているし、妹はスヤスヤと心地よさそうに寝息を立てている。そんな光景を見ているうちに、太一くんもいつか夢に落ちていきます。

その夏何度かキャンプに行って、お父さんは太一くんがグンと成長したと感じました。

大変なことからだけ学べることがある

5歳になる一人っ子の美海ちゃんが、お母さんに言いました。

「おかあさん、なんでミミには、妹がいないの？」

幼稚園のお友達の明枝ちゃんに妹がいて、明枝ちゃんがその妹の面倒を見てあげているのを見て、うらやましくなったからです。

「でも、ミミには、マリーちゃんがいるでしょう」

そうお母さんが言うと、

「でも、マリーちゃんは人形でしょう。喋らないし、動かないもの」

つい最近までは、マリーちゃんのお世話をすることが大好きだった美海ちゃんだったので、お母さんは「この子も、成長したんだな」と思いました。

そのことをお父さんに話すと、「じゃあ、ちょうど中村さんの家で子犬が生まれたと言うから、ミミに子犬をもらってきてあげようか」。

日曜日、美海ちゃん一家は中村さんの家に子犬をもらいにいきました。

ポメラニアンの雑種で、美海ちゃんの小さな懐にすっぽり入る小さな子でした。

美海ちゃんは、子犬にモモという名前をつけ、「この子は、ミミがしっかり面倒を見るんだぞ」とお父さんが言うと、大きくうなずきました。

その日から、美海ちゃんはモモに夢中になりました。

それまで朝はお母さんに起こされるまで寝ていたのに、早起きしてモモが入っているケージに行き、「朝よ、ブラッシングして、ご飯を食べようね」などと世話をしています。子犬がふわふわと風にそよぐカーテンに飛びついて嚙んでいると「ダメよ、それは食べちゃ」などと叱ります。ソファの上で粗相をすると、「ダメでしょう、こんなところにウンチしちゃ」と言いながら片付けて、消臭剤まで撒いています。

散歩は、まだ美海ちゃん自身が目を離せる年齢ではないのでお母さんも一緒ですが、「そっちに入っちゃダメよ」「信号が青になったらね」などと、ひっきりなしに世話を焼いています。

ペットは人形と違って動き回るので、美海ちゃんの思うようにならないこともたくさんあります。お風呂に入れようとしても暴れて逃げてしまったり、服を着せようとしても嫌がって唸《うな》ったりします。そんなモモに途方にくれながらも、ケージの端に追い詰めて水を浴びさせたり、骨を与えてモモが夢中で噛んでいる間に服を着せたりと、**美海ちゃんなりにさまざまに工夫を重ねる姿を見ると、「ミミも成長したな」と、お母さんは嬉しく思いました。**

モモは、家族みんなで可愛がっていますが、美海ちゃんの犬です。ですから、お父さんもお母さんも、美海ちゃんがどうしようもなくなって助けを求めるまで、飼育には手を貸さないことに決めました。散歩だけはお母さんがついていきますが、水や餌を毎日やり、ケージを掃除して新しいパッドを敷き、粗相の片づけも美海ちゃんがします。

餌やりを忘れていると、お母さんが「ミミはご飯食べられるのに、モモは食べられなくてかわいそうね」。その言葉に、美海ちゃんは急いでケージに飛んで行きます。

犬の面倒を見ることは、美海ちゃんには大変なことではありますが、きょうだいのいない美海ちゃんにとってモモはきょうだいであり、我が子でもあります。**愛情だけでなく、自分が守ってあげなくてはいけないという責任感も生まれてきました。**

そんな美海ちゃんを見て、お母さんが言いました。

「ミミはモモを妹のように思っているようだけど、ミミは犬だから先に死んじゃうよね。悲しいね」

するとお父さんが言いました。

「生きているものはいつか死ぬ。それは悲しいけれど、だから生きている大切さもわかるんじゃないか。オレたちもミミより先に死ぬ。でも、ミミはそれを乗り越えていかなくてはいけないから、乗り越え方を学んでおくのも大切じゃないか」

親は手を貸さず、子供に多くの経験をさせよう

子供たちが生きていく**世の中は、予測不可能でさまざまなことが起きます。ですから、それを解決し、乗り越えていく力が必要**です。

社会に出て課題に直面した時にどうやってそれを乗り越えていくのかは、学校では教

えてくれません。そこで**役に立つのは、勉強ではなく経験**です。なぜなら、学校でのテストの答えは一つですが、**社会に出れば問題を解決するための解答は無数にあり、「正解」が存在しない**からです。

「正解」がない中で大切になるのは、人としての基礎力です。

太一くんは、自分でテントを張ってみるまでは、土の硬さを知りませんでした。寝袋の下からシンシンと伝わる土の冷たさも知りませんでした。枝を拾ってこないと焚き火ができないことも、火をおこさないとご飯が炊けないことも知りませんでした。

美海ちゃんも、犬を飼うまでは、犬が毎日ウンチやオシッコをして、餌を食べ水を飲み、散歩にも連れていかないといけないということを知りませんでした。人形にはそういう面倒さはなかったからです。

便利さがあたりまえの中で育つ子供たちだからこそ、さまざまな経験が必要です。**経験の中で起きてくる問題を乗り越えないと、自信や満足感は得られません。**

これは日常生活でも同じ。親はやたらに手を貸して、子供に楽をさせてはいけません。

親が手を貸すと、「自分でやった」という満足感が薄れてしまうからです。

また、**親が「正解」を教えてはいけません。**世の中に出れば「正解」などはないのです。大人になれば、なにが「正解」かは自分で判断し、常に、これで良かったのかと自分に問いながら進まなくてはなりません。


さまざまな問題を自分で解決できるようになり、大人としての「自信」が持てるようになれば満足でき、感謝が生まれ、幸せを得られる一生になるでしょう。

アメリカの心理学者ロバート・A・エモンズ教授は、人間関係を円滑にし、自分や周囲の人を明るい気分にさせるのは「感謝」する心で、その「感謝」の心が幸せを増幅すると言います。

「自信」を持ち、「満足」し、「感謝」できる大人に育てば、どんな状況に置かれても生きていけるはずです。それこそが「幸せ」な人生と言えるのではないでしょうか。

図表作成・本文ＤＴＰ／市川真樹子

ラクレとは…la clef=フランス語で「鍵」の意味です。
情報が氾濫するいま、時代を読み解き指針を示す
「知識の鍵」を提供します。

中公新書ラクレ
739

親《おや》が子《こ》供《ども》に教《おし》える
一生《いっしょう》お金《かね》に苦労《くろう》しない12の方《ほう》法《ほう》

2021年 9 月10日発行

著者……荻原博子《おぎわらひろこ》

発行者……松田陽三
発行所……中央公論新社
〒100-8152 東京都千代田区大手町 1-7-1
電話……販売 03-5299-1730　編集 03-5299-1870
URL http://www.chuko.co.jp/

本文印刷……三晃印刷
カバー印刷……大熊整美堂
製本……小泉製本

Published by CHUOKORON-SHINSHA, INC.
Printed in Japan　ISBN978-4-12-150739-6　C1233

中公新書ラクレ　好評既刊

L690
街場の親子論
――父と娘の困難なものがたり

内田　樹＋内田るん 著

わが子への怯え、親への嫌悪。誰もが感じたことのある「親子の困難」に対し、名文家・内田樹さんが原因を解きほぐし、解決のヒントを提示します。それにしても、親子はむずかしい。その謎に答えるため、1年かけて内田親子は往復書簡を交わします。微妙に嚙み合っていないが、ところどころで弾ける父娘が往復書簡をとおして、見つけた「もの」とは？　笑みがこぼれ、胸にしみるファミリーヒストリー。

L703
心が折れた時　親がすべきこと
不登校、うつ状態、発達障害　思春期に
――コロナ禍でも「できる」解決のヒント

関谷秀子 著

うつ状態、摂食障害、発達障害……。心の悩みを抱えた思春期の子どもたちを病院に連れて行けば、すぐに病名が付き、薬も処方されます。けれど、どんな病名が付いたとしても、子どもの本当の悩みと向き合わずに問題が解決することはありません。思春期の子どもの心の悩みの背景には親子関係や両親の夫婦間関係の問題が隠れていることも多いのです。子どもが再び前向きに生きるために、親が家庭の中でできることがあるのです。

L708
コロナ後の教育へ
――オックスフォードからの提唱

苅谷剛彦 著

教育改革を前提から問い直してきた論客が、コロナ後の教育像を緊急提言。オックスフォード大学で十年余り教鞭を執った今だからこそ、伝えられること――そもそも二〇二〇年度は新指導要領、GIGAスクール構想、新大学共通テストなど一大転機だった。そこにコロナ禍が直撃し、オンライン化が加速。だが、文科省や経産省の構想は、格差や「知」の面から諸問題をはらむという。以前にも増して地に足を着けた論議が必要な時代に、処方箋を示す。